阅美
文化

悦 读 阅 美 · 生 活 更 美

女性生活时尚阅读品牌

□ 宁静　□ 丰富　□ 独立　□ 光彩照人　□ 慢养育

陪孩子阅读

Read with Your Child

妈妈做什么 怎么做

杨青 著

漓江出版社

图书在版编目(CIP)数据

陪孩子阅读：妈妈做什么怎么做 / 杨青著. -- 桂林：漓江出版社, 2021.4
ISBN 978-7-5407-8918-3

Ⅰ. ①陪… Ⅱ. ①杨… Ⅲ. ①阅读辅导 - 儿童教育 - 家庭教育 Ⅳ. ①G252.17②G782

中国版本图书馆CIP数据核字(2020)第172053号

陪孩子阅读——妈妈做什么怎么做
PEI HAIZI YUEDU——MAMA ZUO SHENME ZENME ZUO

作　　者：杨　青

出 版 人：刘迪才
策划编辑：符红霞　　特邀策划：易虹工作室
责任编辑：赵卫平
封面设计：孙阳阳　　内文设计/插图：夏天工作室
责任监印：黄菲菲

出版发行：漓江出版社有限公司
社　　址：广西桂林市南环路22号
邮　　编：541002
发行电话：010-65699511　0773-2583322
传　　真：010-85891290　0773-2582200
邮购热线：0773-2582200
电子信箱：ljcbs@163.com
网　　址：www.lijiangbooks.com
微信公众号：lijiangpress

印　　制：香河县闻泰印刷包装有限公司
开　　本：720 mm × 1000 mm　1/16
印　　张：23.5
字　　数：250千字
版　　次：2021年4月第1版
印　　次：2021年4月第1次印刷
书　　号：ISBN 978-7-5407-8918-3
定　　价：48.00元

让孩子从小爱上阅读，
家庭教育就算成功了一半

目录

Contents

2 PART 陪孩子在阅读世界里打桩

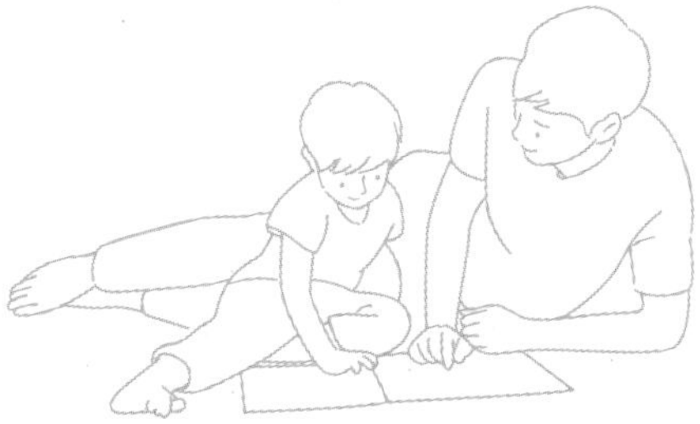

3 PART 有一种精读叫细嚼慢咽

4 PART 读书之用

5 PART 阅读中的疑难杂问

推荐序

……

尤喜灯灯续，声华直至今

李庆明

曾任深圳中央教育科学研究所南山附属学校校长

入选2010年度“推动中国读书十大人物”

我的教育生涯中最令人难忘的九年是在深圳度过的。在当时的南山“央校”（即中央教育科学研究所南山附属学校），我觉得自己做得最有价值的事，就是发起并推动包括学校、家庭、社区乃至边“穷老少”地区在内的阅读生态建设，我给这项事业起名——“天堂鸟飞翔计划”。最令我骄傲的是，在“央校”还诞生了一个由李迪等家长为主发起、如今已饮誉海内的亲子阅读组织——“三叶草故事家族”。“三叶草”与“天堂鸟”亲如一家，交相辉映，甚至受到世界最权威的“国际儿童读物联盟”（IBBY）的关注，时任主席帕特里夏·亚当娜女士亲临“央校”时写下了“我希望全世界都能以你们为榜样”的赞语。

由于“三叶草”的出色贡献，由二十一世纪出版社主办的以“儿童阅读：学校和家庭的互动”为主题的第五届“二十一世纪中国儿童阅读推广人论坛”2011 年在“央校”举行，我做开幕致辞，题目就是“斯文重建，从亲子阅读开始”。

我离开深圳已有多年，但当来自“央校”的“阅读妈妈”（我当年对“央校”所有关注亲子阅读的家长的昵称）杨青女士嘱我为她的这本书作序，立即欣然允诺！

亲子阅读其实是一个世界性的课题。

记得 2011 年初，我应亚当娜女士邀请在加拿大国际阅读峰会发表主题演讲，一开始就特地讲了一个加拿大妈妈玛秋莎·帕基创作的绘本故事《我讨厌书》（*The Girl Who Hated Books*）。令我十分惊喜的是，帕基和她的出版人当时就在现场！绘本写的是小女孩米娜非常讨厌父母买回来的堆满屋子的书，她经常尖叫：“我讨厌书，我讨厌书！”有一天她喊家里那只被书砸坏了尾巴、同样恨书的小猫麦克斯吃早餐时，不小心摔了一跤，结果满屋的书飞了起来，书里的王子和公主、仙女、青蛙、怪兽、蛋头先生、大灰狼、鹅妈妈、紫色长颈鹿、大象、小精灵、猴子、兔子……全都跑了出来，乱作一团，任米娜怎么叫唤也无济于事。米娜只好一本一本讲了起来，那些精灵才一个一个回到书里。事情竟发生了奇妙的戏剧性变化：米娜爱上了书。

从这本轰动世界的绘本里，我们不难发现，作者玛秋莎·帕基十分关注孩子遭遇的阅读困境，但她坚信：爱童话、爱故事，是孩子们的天性。她巧妙地暗示我们：在某种机缘的激发下，是完全可以让孩子重新爱上阅读，尤其是经典阅读的。帕基作为普通妈妈，却如此关注儿童阅读，也给了我们一个启示：任何一位家长，不管担当什么样的社会角色，都不可能比做一个称职的妈妈或爸爸、爷爷、奶奶……那样，更深刻持久地影响孩子的精神成长！

杨青女士无疑也是一位和帕基一样普通的妈妈，但她做得同样出色。我浏览了她的大著，觉得这是一本很好的亲子阅读指南。从陪孩子阅读的机理（“阅读习惯不是一天养成的”）、意义（“读书之用”）、领域（“陪孩子在阅读世界里打桩”），到阅读的内容（“那些年儿子喜欢的书单”），乃至阅读的策略（“有一种精读叫细嚼慢咽”“阅读中的疑难杂问”），均有涉猎。它没有高屋建瓴式的宏大叙事、系统建构、深层解读，初看甚至还觉得有点儿芜杂琐碎，但读完却深感这本书足可帮助读者由小见大，见微知著，“阅读妈妈”们即使随便翻翻，也能从中获得教益。

不仅如此，本书的文采也不错，杨女士不愧是资深媒体人，专栏作者，投身纸媒行业已有三十载，驾驭文字的功夫很强。这本书不像某些同类书那样板着面孔，居高临下，一本正经，而是举重若轻，通俗易懂，不乏幽默逗趣，读起来一点也不觉得枯燥乏味，不禁让我想起了苏轼《答谢民师书》里的那番话：“如行云流水，初无定质，但常行于所当行，常止于所不可不止，文理自然，姿态横生。”是不是夸大其词了？一点也不！

我国的传统文化特别注重家庭文化尤其是家庭阅读文化的传承，有道是“道德传家，十代以上，耕读传家次之，诗书传家又次之，富贵传家，不过三代”。其实，“道德传家”“耕读传家”“诗书传家”，都与家庭阅读有关，因为古人读书更强调“知书达礼”“文以载道”，道德教化已经内含于书籍阅读中了，所以才有“耕读为上”

（清·张师载《课子随笔·三·宗约》）的说法。千百年来，篝灯课读，书声撼窗，有朝一日从自家走出一个又一个有出息的书生，乃是长辈们喁喁向往的美好图景。

我在《传灯——文化传承语境里的家庭阅读》一文中曾说过：“陪伴读书的那盏青灯，恰似佛法传灯，照亮漫漫长夜，灯灯相传，心心相印，将一家之书香不绝如缕地传衍下去。”（刊于《教育研究与评论》2018 年第 5 期）。在这篇文章里，我除了指出“儿童读经”的弊端外，还总结了家庭阅读重视“口承文化”“私家藏书”“读书聚会”“家庭书院”等优良传统。我高兴地看到，这些传统在杨青女士的家庭阅读里是有所体现的。

翁同龢在他的《费耕亭先生〈寒灯课读第二图〉为其孙屺怀赋》里有这么一句诗：“尤喜灯灯续，声华直至今。”我坚信，传统家庭阅读文化这盏“传灯”的光亮，这份烛照未来的声华，一定会通过一个又一个、一批又一批像杨女士这样的“阅读妈妈”们延续下去！

是为序。

2020 年 10 月 1 日于“知觉书屋”

推荐序

······

自然积累的家庭阅读体验，尤值借鉴

谢泳

厦门大学人文学院中文系教授

杨青在太原的时候，我们就是好朋友，后来她到了深圳，我们依然来往频繁。

杨青早年是摄影记者，但她读书写作的兴趣，一点也不比摄影弱，她读书的趣味和深度，很令人佩服。她在太原和朋友合作办过学术书店，对学术文化似乎天生有种向往，她的趣味总是一直趋向高雅。她也喜欢行走，去过国内外许多地方，见多识广，笔下从无俗气。前几年她为报纸服务，采访过我几次，所提问题极为内行又下笔神速，每次采访完成，我感觉都是一次有益的学术交流，非常令人难忘。

杨青的阅读范围很广，文学、学术之外，科学、艺术方面，她也表现出了很大的兴趣，还有绘画、电影，等等。她的知识结构和整体文化修养，不用我饶舌，本书内容的清新和丰富，就是集中体现。虽然这不是一本刻意完成的专书，但它却是一个人乃至一个家庭，长期阅读生活的总结。

刻意之作难免造作，而自然积累的阅读，却表现出一种自然天成。

杨青谦虚这是“陪孩子读书”，我更以为是一种读书习惯的自觉养成，它不但是阅读指南，更是阅读体验和一种思想交流。

移动互联网络时代，传统阅读面临很多挑战，虽然读书有被读网或听书取代的趋向，但我坚持传统的纸质阅读才是读书的正途。杨青的阅读经验与我大体相似。她这里的读书，虽无排斥其他阅读手段的意思，但她还是在提倡或维护传统阅读的习惯，因为只有传统阅读才保持了真正阅读的尊严。

杨青全家都喜欢阅读，她家藏书极富，我每次站在她家整排的书架前都极感慨。按说买书的数量一般会随年龄增加而递减，至少我是这样。我年轻的时候也是见什么书都想买，后来年纪稍长，这个速度就放缓了，但我见杨青家购书的速度依然没有减缓的势头，可见他们全家对阅读的热情是何等的热烈呀！这样的家庭，这样的阅读者，他们的读书体验，一定值得我们借鉴。

2020 年 9 月 15 日于厦门

自序

……

让孩子爱上阅读，家庭教育算成功了一大半

2019年末曾组织了一场妈妈聚会，到场的妈妈们聊起了“最希望孩子拥有什么样的能力”。

有一个妈妈戏称：超能力。

台上台下的妈妈们听了先是一阵哄笑，接下来心里又觉得说对了什么。是啊，谁不希望自己的孩子拥有超能力，或者干脆变身小超人呢？学业门门精通、身高达标、颜值不差，最好学会一门乐器，再爱上几项运动，在学校和同学相处融洽，一不留神还有点儿领导力和号召力，回到家来，上亲父母长辈，下幼弟妹。

写到这里，估计会有不少人憋不住了，会朝我喊：做梦吧——

真相是：以这个标准为镜，私下对照自家娃，不是四面漏风，就是八方跑气，妈妈们真的不知道靠什么才能续命咬牙撑下去。

学霸的家长，操心孩子的生存能力；孩子生活能力超强的家长，

在琢磨孩子的学习什么时候才能开窍；体育特长生的家长，愁孩子的文化课成绩……几乎所有的家长都在焦虑，各有各的纠结。

孩子千人千面，各有所长，除了学校教育形成的后天差异，家庭教育和父母的言传身教才是塑造和培养孩子性格和特长爱好的根本。

打量周遭的亲朋好友，几乎不同的妈有不同的带娃法：爱音乐的妈妈送孩子参加乐队，平时训练，节假日看演出，音乐厅几乎成了她们母子的第二课堂；喜欢画画的妈妈陪着儿子一起画，新买的鞋子、纯色的T恤都成了儿子施展画技的新空间；爱玩爱动的妈妈一到周末就陪着孩子上山下海，轮滑、游泳、徒步、宿营疯得够呛。

再回过头来看自家娃：小学曾参加学校合唱团和校乐团，半途而废；画画从三岁起画，坚持得不错，可惜自从上了初中，时间实在紧张，只能忍痛割爱。除此之外，他能一直保持兴趣且谈得上热爱的，只剩下读书一项。

2019年“五一”小长假，我们和朋友几家约着到澳门看展览，游逛，最后“兵困马乏”，一行人瘫坐在街头，眼看返程的登船时间快到了，剩下的时间如何打发？我搜了搜附近的书店，大三巴附近有一葡一中两家书店，跟儿子一说，本来累惨了的小朋友几乎是瞬间弹跳起来，打开地图，冒着小雨，跟着我快步前往。那一刻，真的内心欢喜。

找到葡文书店，进去逗留了一会儿，和他爸爸会合后，一家三口转战附近的中文书店，上了二楼，一进书店，关上门，外面的喧嚣瞬间被卡断——外面是熙来攘往的大三巴，店里安静得有点奢侈。

柜台里只有店员一人，顾客仅我们一家三口。儿子逛了一圈，找了一本书坐在椅子上，低下头，翻开书，迅速融进这种安静中。

我和老公翻书看书的动作也慢了下来，生怕搅扰这一室的清静。

逛累了，我也挑了一本书，坐在儿子的隔壁，瞄了一眼他手中的书。儿子低声开心地说："妈妈，太好了，这里就像我们的私家书房。"

可不是，店员安静得就像不存在，幸福感油然而生。

本来已经累瘫的三个人，走进书店后仿佛进了一个能量场，看看买买，拎着新买的一大包书出门时，又变得元气满满。

去澳门之前，知道带儿子逛书店并不难，但没想到，他即便累了困了提到书店仍能弹跳起来继续逛，这是真爱。

我的育儿目标像全天下所有的老母亲一样，经历了过山车般的波折：从初始泼天的雄心，到终于认定他不过是一个普通的孩子，他能健康平安，自食其力就足够了——期望值节节下调，人也越来越放松。我唯一不肯放手的要求就是——爱上读书。我和孩子的爸爸都喜欢读书且受益良多，培养孩子的阅读习惯是从他一出生起就着手的家庭大事。

读书首先得有藏书，在这点上儿子一直很骄傲，他说："从小大家都羡慕我，很多书我家有，都找我来借，上了初中也是如此。"

让孩子爱上阅读、有古今中外各种图书陪伴，就像让孩子登上了一辆时空穿梭机——他可以自由出入不同年代不同空间，可以上天入地寻找同道中人，进入不同时代作者营造的世界，去体会，去感受，被滋养……同时，又何尝不是让他拥有了未来行走世界的倚仗？

儿子今年 15 岁，长成了 1.86 米的大小伙子，目前最爱的事情除了看电影外，就是泡书店，买书，看书。深圳万象天地的“诚品生活”和深业上城的“本来书店”，都是他经常出没之地，下手买书多在网上，攒够钱或者申请资金买到一本价格不菲的港台版书，都能让他开心一阵子。

小时候，儿子爱唱反调，高尔基说书籍是人类进步的阶梯，他说 iPad 就是人类进步的电梯。

现在，他 Kindle 在手，依然买书不停，喜欢的作者买，喜欢的书买，喜欢的装帧买，甚至因为封面设计下手……任何一个理由都能诱发他买买买。家里的书虽然多到成灾，但他似乎总缺一本，一直都在买。在酷爱买书、读书这事儿上，儿子跟我和他爸唯一的区别是：他淘汰旧书的速度和数量我们望尘莫及，他毫不手软，相当稳准狠。当初他一本本买回来、读到痴迷的书，决定丢弃的时候，连眼都不眨一下，好像一个无情的浪荡子，这一程相遇，读过，弃了，挥一挥衣袖，片纸不留。

人这一生，总得找到一点自己可以倚仗的东西，才可以做到心中不慌。我找到了性价比最高又最忠诚的书，处心积虑地把它当传家宝般嫁接到儿子身上，好书在手，不仅让自己减少了育儿焦虑，也让孩子有了底气和陪伴。

儿子爱上阅读，就像有了一块压舱巨石，不管经历多失重的下滑，因为有阅读托底，总让我不至于慌张失落，更不至于手足无措。

那些在不同的人生阶段搭救过、助力过、治愈过我的作家和作品，在儿子的不同成长阶段，依然在继续发力；那些守护过我的作家现在依然在忠诚地守护着儿子。而儿子在阅读中，踩着父母的脚印，慢慢找到了自己的爱好，和我们的喜好有小小的交叉，更多时候全然不同于父母的口味，在我们伸开的枝丫上，伸出他独特的一枝。

从儿子小时候，我着手记录他的童言趣语，到记录陪读心得，再到现在他早就甩了我们很远，自己在书海里畅快地巡游，打捞到他个人书架上的作家和新书，有的我们连听都没有听说过。以前，是我们替他搭起阅读的框架、埋下阅读的“种子”；现在，我们反过来被他推荐、导引。他成了我们的导读者。

我们从小陪孩子读过的书，就像一面镜子，照亮了来时路，也照出了往昔的温暖。儿子看完我在这本书最后列出的他从小喜爱的书单后，兴奋地搓着手，想把这些记忆中的好书找出来，重新再翻一遍。

我一直跟周围的朋友和闺密分享我的育儿经：让孩子从小爱上阅读，家庭教育就算成功了一半。

我的孩子不是学霸，但他爱上阅读这件事儿，让我笃定他未来可期。

这本书里记录的是我陪儿子从小读书的一些心得、体会、经验，还有很多是儿子口述的内容。我只是热爱读书，而且愿意用心陪孩子一本本读过来的普通妈妈，只是希望大家能从我们的分享中，感受到阅读的纯粹快乐，找到合适自己和孩子的阅读书单，一起坚持读下去，不要停息。这，就足够了。

这是孩子的爸爸写给儿子的话，时间是 2009 年，当时儿子 4 岁。幼儿园发回来的家校联系本上有一个空白页，上面写着 “爸爸妈妈想对我说的话”，我把这个任务交给爸爸完成。2020 年儿子 15 岁，即将上高中，我无意中翻到这篇 11 年前的老话，再读一遍，发现依然适用，我们对儿子的希望没有改变。

爸爸写给 4 岁儿子的话

是希望你更乖一点？还是希望你更自由发展个性？这是一个两难问题。爸爸妈妈有时也在这两极之间摇摆，但可以肯定的是，从你在妈妈肚子里的时候起，到你未来的每一天，爸爸妈妈都会一直爱你，支持你。

如果只对你说一句话，那么，爸爸妈妈希望你能"从心所欲不逾矩"。虽然这样说好像要求高了点，而且也早了点。

"从心所欲不逾矩"当然是借用孔子的话，你现在还不会懂，但长大了你会明白。

有一个叫弗朗西斯·克里克的人，小时候急着要长大，他跟妈妈说："我为什么还不长大，那么多科学真相都快被发现完了。"他妈妈说："不要着急，上帝一定会留一个给你发现的。"后来，他长大了，发现了 DNA。

这世界上有很多很好玩、很有趣的事，也有很多事连大人们也想不明白。也许你可以尝试做一个有趣而且智慧的人。不过不用着急，孩子，你慢慢来，只要你愿意去寻找，愿意去尝试。

1

PART

阅读习惯
不是一天养成的

罗马不是一天建成的，阅读习惯也不是一天养成的。

培养儿子的阅读习惯，是从他自小雷打不动的睡前陪读入手的。养成好的阅读习惯首先要有固定的亲子阅读时光，慢慢形成一种仪式感。

初期的阅读，感觉困难的并不是孩子，而是家长。孩子会把读了100遍的绘本第101次递给你。早期的儿童阅读，“重复”是最大的特色，孩子需要在重复中感受、探索、记忆、建构……就像一个游戏一晚上玩几十次都兴致盎然一样。这个时候家长的耐心就像《牵着蜗牛散步》一样，要放慢脚步，要配合，要等。

给孩子挑什么样的书是个问题，我觉得要先跑马圈地搭框架，让孩子先见森林再见树木，门类要齐全，人文、历史、哲学、宗教、自然科学，无所不包。如果想让孩子有更广阔的视野，更包容的胸怀和见识，那就不要有门户之见，不妨像“韩信将兵”一样，多多益善，只要图书的内容与孩子的接受程度匹配就OK。上学以后，语文课本倒是好线索，顺着这根藤摸瓜，扩大孩子的阅读范围，顺带巩固课堂所学的知识，事半功倍。

当然，最重要的是父母自己也要坚持阅读，我们家的大客厅里就有一个大书柜，餐厅背景墙也是书柜，还有一个两面是书的小书房，除此之外，我们的卧室和儿子的卧室，都有标配的书架，家里“书满为患”。在这样的氛围里长大的孩子，读书早就像吃饭喝水一样自然而日常。

阅 读 习 惯 不 是 一 天 养 成 的

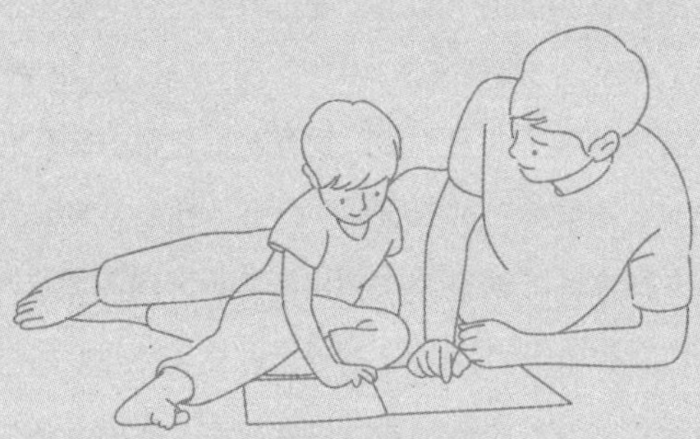

如何让孩子
养成阅读习惯？

雷打不动的睡前陪读

儿子小时候，跟我吵架后，总想着赶紧翻篇儿、迅速和好。

我这个当妈的，大人有小量，有时候被气到，就吊着脸沉住气，拿捏他一下，想让我阴转晴，哪有那么容易？

眼看着天快黑了，该洗澡上床睡觉了，我还置娃不理，娃就苦着脸找爸爸投诉：妈妈到现在还不理我，我都道过歉了，可是她还不理我，怎么办？

我脸上不动声色，心里接腔：道歉是终结吗？道歉是你下次犯错的理由吗？总道歉总不长进。

只听他爸说：没关系，你赶紧冲凉刷牙上床，妈妈肯定会拿本书在床头等着给你讲故事。

儿子半信半疑，飞快进了卫生间。

我有点被说中的恼羞成怒，长出了口气，想了一下，还真是。

睡前读书是我一直坚持做的事，还真是雷打不动，当天恼归恼，要讲的书早就放在床头了。

儿子洗好出来，看到床头的我，嬉皮笑脸腻过来，那么干净好闻的味道，那么好看的脸，又是亲生的，心早就软了，任由他腻着，偷偷地深吸两口好闻的味儿，打开书，翻到昨晚的标记，调整到平和的状态，开读。

儿子很得意，冲着门外喊："爸爸，你说得对——"

当时觉得这样陪读的日子，不知道什么时候是尽头，偶尔疲累时，更是觉得长夜漫漫。

慢慢地，儿子睡前的床头，变成我和他爸的竞争上岗场，经常是一人拎一本书，声情并茂宣讲书中的亮点和有趣的情节，等着儿子钦点，被选中的喜笑颜开清清嗓子上岗，落选的悻悻然拎着书灰溜溜退场。

不记得是哪一年，有一晚，我按事先的约定，读完一本新书的第一章，跟儿子道了晚安。

第二天早餐桌上，儿子说昨晚他把那本小说连夜看完才去睡。

我听了又喜又忧，喜的是陪读的漫漫长夜终于到头了，忧的是怕他睡不够。

再后来，儿子每晚捧着自己挑选的睡前书，清亮地跟我们道晚安时，我这才知道，过去那些陪读岁月都是无法回头的好时光。

孩子应读什么书？

跑马圈地搭框架：见树木前先见森林

当爸妈的，不管是陪孩子逛实体书店，还是独自在网上溜达进入童书区给孩子挑书，过不了一会儿就会看得头晕眼花，不知道到底该给孩子挑什么书好。有时按专家的指点买了一堆书，孩子喜欢的却没几本。有的家长陪孩子读书读得挺多，但觉得孩子在知识面上并没有太大的拓展。

我陪孩子阅读的经验是：跑马圈地，先搭框架，让孩子在见树木前先见森林。

当然，在孩子很小的时候，他刚刚开始认知世界，还谈不到跑马圈地。那时挑书，其实就是帮孩子搭建世界，搭建世界最好的方法可以先从搭建自己的家、搭建身边的小镇开始。我觉得美国作家斯凯瑞的系列童书是低幼孩子认知世界的最好的入门书之一：走进《我的第一本书》中的小屁孩的家，从家里的摆设物品一件件开始认知，先把家里的空间、物件大致认全；接下来就可以打开《忙忙碌碌镇》，跟着小屁孩儿走出家门，走到镇里，认识农场、消防员、面粉厂，了解面包怎么出炉，了解怎么旅行，开始认知社会了。

等到孩子 3 岁上幼儿园前后，童书系列就可以瞄着“小兔汤姆系列”，几乎跟孩子在生活中碰到的问题大多同步，怎么解决，怎么面对，按小兔汤姆的做法就好了。

在幼儿园，孩子开始和一大群小朋友打交道，一起学习、生活、相处，唯我独尊的宝宝要融入集体，成为团体中的一分子。孩子成长的环境变了，面对的人、物、事也更多了，会开启全新的快乐，也会遭遇更多的挫折，孩子的认知、情绪自然也开始变得复杂、有层次了。这个阶段《青蛙弗洛格的成长故事》正好契合孩子的认知程度，青蛙弗洛格是渗入儿子童年生活最深的一个虚拟人物。娃自从看了弗洛格的故事，就认定了生日一定要像弗洛格那样，彩旗、蛋糕、蜡烛、气球，再加上好朋友，一样也不能少。

有对家庭和社会的初步认知打底后，就可以尝试着打不同的桩了，比如哲学，法国奥斯卡·柏尼菲的作品《我，是什么？》《好和坏，是什么？》《知识，是什么？》《幸福，是什么？》《生活，是什么？》《自由，是什么？》《艺术和美，是什么？》

引领孩子脱离了生活中的日常认知，升级进入了哲学的大门。我买回来后被孩子爸爸嘲笑，小屁孩儿和哲学距离有点远。

没想到小朋友非常喜欢，天天抱着书问：什么是好人？什么是坏人？小孩子没东西吃会饿死，去超市偷东西算犯罪吗？

这套书的画风稚拙，提问简单，直指人心。孩子肯定不知道哲学是什么东西，但是能通过这本书把常见的问题打个问号，在脑里过一遍，有的甚至需要来来回回折腾几遍，如果跑步可以锻炼身体的话，这套书应该是相当锻炼脑子的一套书。多少年过去了，今年看完新改编的电影《悲惨世界》后，我和儿子讨论剧情时，还又提到了这套小时候读过的哲学书。

神话，是小朋友认知早期人类历史、打开想象力的一个颇受欢迎的文学样式。当年陪儿子逛香港书展买到一本《奥德赛》，打开就乐坏了，《荷马史诗》里的人物摇身一变成了各种动物，大英雄奥德赛变成了橙白相间的帅气狐狸，立马成了受欢迎的伙伴。奥德赛的经历一丝不差：智逃独眼巨人洞，吞食莲花，绑在船桅上听塞壬的歌声；回到家拉弓射箭，父子相认，夫妻相拥。

谁会想到这本动物绘本会带着小朋友一脚迈入古希腊经典巨著《荷马史诗》里，爱上希腊罗马神话。后来，他在一次聚会中看到小妹妹手中拿着韩国漫画版的《希腊罗马神话》，被那套书搞得食不知味，聚会还没结束，就央求我能不能饭后就去书城给他买这套书。答案自然是可以。接下来他在这套 12 本的《希腊罗马神话》漫画中游走了很久。我在写这本书让他推荐小时候读过的书时，他特意提到要把这套漫画书列进去。

我带儿子去土耳其旅游时，带队的导游拿的是英文版导游手册，每次讲到希腊罗马神话的人名时，只知道英文名，不知道中文翻译过来是哪几个字、怎么发音。这时候，我家小朋友看过的漫画书就起作用了，娃主动当了小助手，把导游嘴里提到的希腊罗马神话中的英文名转译成中文名。团友夸我们出行前功课做得扎实，我笑了笑，其实娃就是多看了一套漫画书而已。

西方文学的两把钥匙，一把是希腊罗马神话，另一把当然是《圣经》故事。在国内旅游，儿子问，为什么我们出来玩总逛庙？在国外旅游，类似的问题换成了十字架上的耶稣，不管是看雕塑还是看壁画，《圣经》故事就是入门书啊。漫画版的有一套，就是讲故事，儿子来来回回看，慢慢知道谁是谁了。有了这点底子，不管是读西方的文学书还是看西方的影视剧，基本上就算扫盲了。

西方文学的两把钥匙，
一把是希腊罗马神话，
另一把当然是《圣经》故事

中国本土的文学当然最是滋养

中国本土的文学当然最是滋养。

《毛毛虫童书馆》全套6辑，几乎把中国经典童书一网打尽，相当接地气。稍大一点，汉声的《中国童话》12本一大套是按月按日，一天一个故事分的，自然可以为很多父母包揽一年的故事。

文学、哲学、中国童话、希腊罗马神话、《圣经》故事，文、史、哲、宗教这几根大桩子搭起来后，就要着手解决孩子的“十万个为什么了”。《十万个为什么》常销不衰，其实道出了幼儿阅读的最迫切需求，好多爸爸妈妈被孩子的“十万个为什么”搞得张口结舌，我们也不例外。可惜，我们早就备好的《十万个为什么》我们家小朋友根本不感冒。

儿子小学三年级过生日时，收到了同学们集资买的一套德国出品的百科全书的一部分，这是他人生知识面拓展的最关键的一套书，被他放在书架上冷落了半年后，突然受宠，读得欲罢不能。这一整套书被他一本本地买回来。他还学着写埃及圣书体，把金字塔的结构解剖图画出来，甚至和同学成立了一个埃及金字塔小组，课余时间连画带写。最近这套书成了他爸备课时查找资料的参考书，一套书两代人受惠，实在赚大了。每一个孩子都需要一套适合自己的百科全书。这就跟一定要强调孩子吃杂食、吃肉蛋奶也得吃蔬菜水果——饮食搭配合理，才会有健康的身体一样，阅读也既要有树桩，又要有宽度和深度，百科全书就是最好的帮手。

儿子从小喜爱植物，我们阳台上的花草瓜果蔬菜，小区院子里的树木花草，都在他的关注范围内，什么花蜜可以吸，什么花可以煮水，小朋友跟着相关的植物类书，弄得门儿清，这算打开了一扇通往博物学生活的门。

看法布尔的《昆虫记》所收获的，只是从书本上得来的知识，按陆游的说法“纸上得来终觉浅，绝知此事要躬行”。小朋友和动物的关系，最终还要落实到“养”上，才会有切身感受。儿子从小养鱼、养鸭子、养猫，养的金鱼死了，他伤心痛苦，亲眼见到养的蚕结茧、蝶化，又开心快乐……在我看来，如果儿子能从中学会敬畏生命，感受到众生平等，就算是最大的收获了。

孩子生下来面对的世界可能是单向度的，而图书就像万花筒。爸爸妈妈们给孩子买书要分类，找各门类里的经典代表作，这套不喜欢换一套，但同类型的书不要太多，门类很重要，各门类的都要有，帮着孩子打开各个不同的面向，先从小搭建基础的知识架构。总之一句话，在看见树木前先看见整个森林。

怎么陪孩子读书？

鲁迅？周作人？老舍！

儿子一岁生日抓周时，自然少不了书。

我挑了一本《鲁迅全集》，他爹放了一本《周作人自编文集》，打擂台似的，儿子环顾了一圈眼前摆得琳琅满目的东西，先是摸了摸“鲁迅”，又转头摸了一下“周作人”，最后左手拿着计算器，右手捏着100元的大钞，一脸兴奋。

我和孩子他爸两个人对望了一下，双双偃旗息鼓，好像觉得耕读传家的梦一下子倒退了十丈，不知道从哪里使劲才能拉回来。

家长一旦藏了心眼，处心积虑，孩子逃得了初一，也逃不了十五。

我倒不至于急着给他推销鲁迅，因为想着他只要一上学就会在语文书里遇见鲁迅。我要做的是让他喜欢上鲁迅，而不是从此逃避。

比起来，他爸比我心急多了，睡前故事轮到爸爸讲时，他会挑周作人的文章来读，对儿子来说，爸爸读的文章明显比妈妈讲的故事要高级，高级在哪里他未必知道，但是他起码觉得不一样，有好多似懂非懂的地方。反正第二天早餐桌上他会跟我炫耀：我昨天晚上听文章了，而不是听故事了。

有一次他爸拿着一本周作人的《饭后随笔》，从里面挑了一篇开读，娃看到书名后问：这是周作人在饭后写的随笔吗？

两个大人笑倒，爸爸解释说，未必是他饭后写的，但他起这个书名的意思是大家可以饭后随便看看消食。

周作人以外，彼得·德鲁克的回忆录也被读了，还有斯坦尼斯拉夫斯基的《我的艺术生活》，里面都有这些名人小时候如何调皮捣蛋的故事，小朋友听得乐不可支。

你以为小时候埋了种子，大了一定会抽穗发芽？

想多了，种的瓜能得豆就得偷笑了。

虽然看了无数遍“孩子是一个独立的个体，是一个独立的生命，有他自己独特的成长轨迹”之类的提醒，但做父母的总是忍不住想用自己吃过的亏、摔过的跤提醒孩子，认为这样可以让孩子少走弯路。但现实无情地告诉我们，父母无法代替孩子，孩子同样需要在摔跤、磕打、吃亏中慢慢学会成长。

娃和老舍的缘分也是我们牵的线搭的桥

阅读也是同样的道理，我觉得鲁迅好，孩子的爸爸觉得周作人好，但到了孩子这里突然爱上了老舍。

以前看古典小说，经常看到“花开两朵，各表一枝”，我们家的情况是父母花各开一朵，娃另表一枝。

不过，娃和老舍的缘分也是我们牵的线搭的桥。

孩子的爸爸 2015 年辞职后，和另外几对父母一起搭班子，办起了课外通识班，跟考试关系不大，想着给孩子额外补点有养分的东西。

他和老舍的“友谊”就起源于他爸这个课外通识班。

通识班上，王芳老师讲老舍选的是《茶馆》，我跟儿子商量好，他去听这课前要有所准备，我让他选：一是读剧本，二是直接看剧。05 后当然选看剧了。我们一起在家看人艺老版话剧的录像，于是之、蓝天野、英若诚，一水儿的老戏骨。娃一开始有点儿被迫完成任务的劲儿，明显人在心不在。慢慢地，他越看越投入，等看到三个老人撒纸钱的那幕，娃站起来有点激动地点评：这演技不知道要甩流量明星多少条街。

看完戏去上王老师的课，有点像揣着炸药包去炸碉堡，气势高涨，上完课后老舍就成了他的作家偶像。薄薄的一本《茶馆》剧本，看了有七八遍不止。接下来老舍的作品一字排开，《小坡的生日》《我这一辈子》《骆驼祥子》《二马》《四世同堂》，基本有啥看啥，把老舍的作品合力围剿了一通。

2017 年 8 月下旬，老舍的《二马》来深圳南山文体中心演出，我便赶紧张罗着带这位老舍的小粉丝去看，一路上跟儿子交流说，早年看张爱玲的文章，知道《二马》曾让她们母女一路追捧。那个时候他还没有看张爱玲，估计要是在 2020 年此时此地聊这个话题，肯定会更有感觉。

演出其实挺好，全男班，一人饰几个角色，张力幽默都够，我独不喜欢略显高调的结尾，有点生硬拔高的味道。

儿子看的时候也很开心。看完《二马》出来后，他说还是喜欢《茶馆》。

我说，那当然，《茶馆》是顶级的代表作，《二马》相比起来就是一个小品式的插曲，不是一个重量级。

娃后来总结：如果只看语文课本里选的《济南的冬天》和《猫》，老舍就是个二流作家；看了《茶馆》，才知道老舍就是一流作家。

我赶紧手动点赞，引导他：课本只是一棵树的树枝部分，要想了解一个作家，需要走出课本，多读其他树枝，才能了解完整的树的样子；就像老舍，读完《茶馆》，读完《四世同堂》，基本上应该就知道老舍是什么水准和特色的作家了。

就这样，王芳老师的“现代文学四讲”通识课没白上，儿子选书的眼界和评判作家的标准慢慢就在对比中建立起来了。

一个人和一个作家的相遇有各种各样的机缘巧合。

后来细想，为什么孩子会喜欢上老舍呢？

固然跟入手的《茶馆》水准有关，老舍的京腔和幽默也是跟孩子契合的原因之一。

我爸小时候带娃，总爱说娃“幽默”，我爸说这个词用的是老家话，发音类似“油灭”。

我每次听到总要停下来想一想，给他姥爷的这个评价找个对应的例证，但在我这里，娃的“油灭”明显不如“淘”“皮”印象深刻。

孩子总有独立于家长的特质，勉强归类就算是遗传中的变异吧。

在我们推荐的鲁迅和周作人之外，他选了老舍，让我感到既有趣又欣慰。他后来也喜欢鲁迅和周作人，只不过，他迈进现代文学门槛之初，老舍是他的领路人。

阅读有时候就像一面镜子，照出不同人不同的心性。

自以为一手带大、非常熟悉的娃，他的阅读喜好却出人意料，基本没受我们影响，他有自己的阅读兴趣和方向，也让我们开始重新打量他。

耕读传家，“耕”从我们这一代就断档了；“读书传家”，从现在的势头看，好像前景颇为可期。

怎么引导孩子读书?

杨绛的散文真好——顺着语文课本的藤摸到了瓜

现在语文课本的选篇，凭良心说，已经非常好了。

比如杨绛的《老王》被选入初二语文课本（人教版）。

儿子读了语文课本上的《老王》后，觉得杨绛和阿城还有汪曾祺，都是一伙儿的，他们写人记事儿，都不刻意用什么好词好句，只是朴实准确地道来，蛮有趣味。读了课本上的《老王》后，儿子回家来找杨绛的其他文章。

我乐得赶紧把《杨绛作品集》的第二卷奉上，里面收录了我非常喜欢的《干校六记》和《将饮茶》，还有《杂忆与杂写》《拾零》，一共四部分。其中《老王》就是《杂忆与杂写》中的第一篇。

在语文课本里，《老王》的中心思想是：作者表达了对底层人民的同情。

儿子看完发表读后感，觉得杨绛可以把小人物写得活灵活现，如在眼前

儿子觉得好端端的《老王》被解读成这样，很不服。

他认为《老王》是用很朴实的记述，表达了人与人之间真挚善良的感情。

接下来的一篇是《林奶奶》，儿子看完发表读后感，觉得杨绛可以把小人物写得活灵活现，如在眼前。

在城里替人洗衣服打零工的林奶奶，乡下有一儿一女，她攒了钱，给儿子女儿先后盖了房，临老住院了，女儿不肯来。死了，女儿来了，不肯给她穿衣，因为害怕。还说，她不过是她的大妈，她还怕她呢，她妈让她 14 岁做童养媳，嫁了一个傻子，生了一堆傻子，所以死后都不原谅。儿子觉得杨绛的立场中立客观，没有站队，没有批判，只是如实记录小人物在那个时代背景下的生存状态。

语文课本每次改动，哪个作家入选哪个作家被剔除，都会引发新闻热议。

其实语文课本就是一条线索，选的只是一个切片、一个标本，不管是入选的作家还是篇目，都像是一条藤，藤固然重要，顺藤摸瓜才是正解。

其实语文课本就是一条线索

比如，孩子最好能顺着杨绛的《老王》摸到她的散文集，再翻到她的小说《洗澡》，再翻到她的戏剧集……既然都读了《洗澡》了，不可能不读她丈夫钱锺书名头更响的《围城》。《围城》的同名电视剧也相当经典，陈道明和英达主演，还有葛优、英若诚、吕丽萍等，把原著中的众生演活了。

家长都是贪心的，都有点得陇望蜀。

现在语文老师都形成共识，孩子要想学好语文，一定要有大量的课外阅读配套，现在不仅有按年级分类的课外阅读书目，更有各种各样层出不穷的读书会延伸拓展。注重孩子的语文成绩，与其逼着他们背背背，不如多给他们点时间，顺着语文课的藤摸更多的瓜来读，这才是打开语文书的正确方式。

2

PART

陪孩子在阅读世界里打桩

这一部分是陪儿子阅读的实际操作心得，是按阅读的大门类来分，书是一本本、一套套先买回家，然后再一本本、一套套陪着他读下去。随着孩子年龄增长、阅读范围拓展，孩子的领悟力也回报惊喜，很多时候，我发现：在陪儿子读这些童书的过程中，我自己也受益良多。

儿子对第一套哲学漫画书的喜爱和活学活用，让我喜出望外。孩子喜欢花花草草几乎是天生的，小区的花草、自家阳台上的绿植，都是孩子亲近植物和自然的现成媒介，各种各样的植物图书就像是一种纸上的延伸，把孩子零乱的知识规整起来——系统化，分门别类，同时又引导他在现实里寻找落脚点。

百科全书、艺术类图书、科普读物、希腊罗马神话、汉声童话都属于打桩类的阅读。面对灾难时读什么？孩子痴迷的漫画书和价格不菲的立体书要不要买？也是打桩式陪读经验的总结和梳理。有书单、有过程、有心得、更有答案……

孩子天生就是哲学家

微信朋友圈里流传个段子，说门卫和保安都是哲学家，因为他们每天面对不同的人问的都是三个哲学上的终极问题：

“你是谁？”

“你从哪里来？”

“你要到哪里去？”

按这个标准，每个孩子都是天生的哲学家，因为他们从会说话起就不断地追问：我是怎么来的？爷爷为什么会死？你什么时候会变老？什么是好的？什么是坏的？为什么我不可以抢别人的东西？为什么小孩子总得听大人的话？

哲学家曾自我调侃，哲学是一门最没用的学问，它其实不能解决任何实际问题，最要命的是它也提供不了标准答案，哲学越研究越无解，多头线索，一团乱麻。这样的学问要来有什么用？

哲学其实是发问探究的过程，孩子会提出很多没有标准答案的问题，这正是他探知世界、积累知识的起始，做父母的不能简单地以一句“你还小，你不懂”来阻拦他探索的脚步。如果你没有更好的答案，不妨找书本中的先贤哲人，请他们出来，借用他们的智慧，让孩子及早品尝到哲学的味道。

我当妈以后，对所有肯纡尊降贵给孩子写书的大作家，都恨不得遥行膜拜礼，三跪九叩，因为他们真是太贴心了，写出来书直接帮你解决难题，陪你应对那个天天揣着“十万个为什么”的小脑壳，让他知道这世界上的是非对错，并不是非此即彼，有时候，很多问题并没有标准答案，有时候答案还会跟着具体情况变来变去。

所以，给孩子读点哲学书很有好处，而且越早越好。

推荐一套儿童哲学智慧书，是法国作家奥斯卡·柏尼菲写的文字，好几位画家插图，这套书分两辑，一共9本。

儿子4岁的时候，我买了这套书的第一辑，共有4本：《好和坏，是什么？》《幸福，是什么？》《我，是什么？》《知识，是什么？》。孩子爸爸看到“儿童哲学”几个字就笑了，说这么小的孩子懂什么哲学。其实这也是我担心的事情。

没想到，这套书立刻成了儿子的新宠，翻来覆去看了好多遍。

好和坏，是什么？

那会儿正是他听书的时代，儿子挑中《好和坏，是什么？》递给我，一脸期待。

打开第一页，上面用孩童体手写着斗大的一行字：“你能偷东西吃吗？”

第二页：“不能，因为偷东西是不好的行为！”这是谁都想得到的答案。

下一个跨页上抛出一串问题：“对，可是……是谁说偷东西是不好的行为呢？大家对‘好’和‘坏’的标准一样吗？为什么不能做坏事呢？生活中，大家有可能一直做好事而不做坏事吗？”连续四个问题，个个问到小朋友的心坎儿上。

再下来的跨页上写着的大字是：“不能，因为我不能拿走不属于我的东西。”

然后又是四个反问：“如果你快要饿死了呢？说这些话的人是为了保护自己的食物不被偷走吗？我们也应该保护那些没有饭吃的人，对吗？每个人都要吃饭，大家应该共享世界上的食物吗？”对孩子而言，这些问题真是让人脑洞大开。

第一个疑问是让孩子思考：在生命受到威胁时，行为是否要守法？是为了守法而饿死还是偷东西吃活命？

儿子看这个太有感触了，后来经常活学活用——在瞌睡得不行，作业还没写完时，会大声质问：“是生命重要还是写作业重要？”

在早上快要迟到还慢吞吞吃早餐被催促时，他又会反驳：“难道迟到比生命还重要？”当然，他这是在强词夺理，把吃饭睡觉抬高到“生命”的高度。

这个句式像被印在儿子脑子里一样，他动不动就拿出来问：“你可以偷东西吃吗？不可以，但我快要饿死了也不行吗？”就像在玩一个思辨游戏，不知道现实生活中哪个场景触动了他脑子里的那根神经，这一连串的话就喷涌而出，一再反复。

接下来有个章节讲法律，警察出现，法律出场，得出的结论是：某些事情并不能同时满足“公正”“好”和“合法”。这个世界有时候是不公平的，法律也可能会有问题，但是这些问题是可以克服的。

有些妈妈看到这里，可能会有点担心，居然连法律都怀疑起来了？而且你怎么能让孩子从小看到黑暗面？

我也觉得跟一个 4 岁的孩子讲法律，有点太深远，我不知道他能懂多少，但是如果把孩子看成未来的主人翁，他们要推动社会的发展和变革，也许从小就要让他们学着怀疑一切，要有独立的思考能力，这样等他们长大才会有创新性的思维，才会有挑战和改变社会的能力。为了他们未来的使命，从小打基础很有必要。

好莱坞的音乐剧 *The Sound of Music*，大陆版译作《音乐之声》；香港版译作《仙乐飘飘处处闻》，化用的是白居易《长恨歌》里的句子；台湾版译作《真善美》。三种不同的翻译各有优点，我觉得台湾版的“真善美”正好道出了我的人生信条。

我们不能给孩子构建一个虚假的世界

对孩子来说，真善美正好是认知的三个阶段。“真”是基础，是底线，排第一位。孩子需要了解一个真实的世界，真实的运作，就算森严如法律，也有各种不足和漏洞，这是一个不完美但真实的世界。我们不能给孩子构建一个虚假的世界，以免他长大成人接触真实的社会时，三观便轰然倒塌。

上了小学后，我把这套书的第二辑买回来给他，他最爱的依旧是这本《好和坏，是什么？》。新书到来，只是提醒他旧爱依旧在。他从书架上拿出这本书，从头到尾又读了一遍，上洗手间也不撒手。

那段时间《悲惨世界》上映，我带他去看了电影。他看后回来说，是法律不公平，冉阿让偷了一块面包就被抓进监狱；人都快饿死了，为什么不可以偷？而且后来冉阿让变成好人，不再做坏事，也不再偷东西了，那个警官为什么不肯放过他？

我听得老怀大慰，这应该算是这本哲学漫画书的功劳。

有问题、有怀疑就会有思考，公平、正义、邪恶、法律……这些概念慢慢进到他小小的脑袋里，我不知道会起到什么作用，我也不准备给他提供答案，只是坦诚说出我的理解，让他明白这个世界的复杂性，这也是哲学的作用之一吧！

我，是什么？

儿子很早就知道自己是跑得最快的那颗精子，他在出生以前已经赢得了一场比赛。但接下来他问：how？幸好我早就囤了几本相关的书，里面连写带画，说得清楚明白，总算把为人父母必过的难关跨过了。

接下来，有关“我是什么？”这个哲学的终极追问，我开始小心地一点一滴地播种，等待慢慢生根发芽。

儿子上幼儿园时，一次因为踩着凳子够老师藏到书架上面的剪刀，被老师批评——老师担心他摔下来受伤，更怕剪刀伤着他或别的小朋友。最后老师的总结陈词是：老师很生气，你妈妈听了肯定也会很生气。

儿子反驳说：我妈妈不会生气。

老师投诉的时候，我内心小喜，我一直苦苦培育的“标准的多重性、答案的多样性”终于萌出了小芽。

得先承认老师批评得也有道理，安全隐患要从根上消除。儿子之所以爬高上低，其实是因为对剪刀好奇不已，“禁果分外甜”嘛。我当天从幼儿园出来就带他到小区文具店买了一把安全剪刀，回家拿了很多纸给他剪，那一晚，他玩得开心极了，拿着剪刀到处剪剪剪，玩够了，家里有剪刀，随时可以玩，娃的好奇心得到了满足，教室里的剪刀对他再没有吸引力了。

从小，我一直强调他的个人感受，他的意见，他的看法。

出去吃饭会问，出去玩更会问，看了书、电影和演出同样会问：你的……？你以为……？你觉得……？时间长了，他自然就习惯开始：“我的……”“我以为……”“我觉得……”。

上小学后，儿子有一次打了架，被老师投诉。

我问理由，他说是 ××× 让他打的。

这是一个最触怒我的答案。

小时候，我的老师听到我们同学这样推脱，会生气地质问：你的脑袋长在他的脖子上吗？现在我照搬来质问儿子。

我非常郑重地告诉他：犯错不可怕，可怕的是不知道犯了什么错、为什么会犯错，不知道犯错之后该怎么办；犯了错，要勇于承担，不能推到别人头上，在群体里要有独立的判断，并对自己的行为负责，不可以人云亦云，更不能盲目从众；你服从的应该是真理而不是大多数。这些道理听上去有些生硬，但是一定要耐下心来明明白白讲给孩子听。

说来也可笑，小时候，当妈的生怕孩子不合群，融入不了班级，拼命求同；长大了却又要求孩子特立独行，标新立异。就好像种的是豆，非要收瓜，南辕北辙。

好在这套哲学漫画书除了讲你与别人的差异，也讲个体的自由，但自由的前提是得守规矩。

我系统地接触哲学是大学二年级，感觉脑子里转了千百回的疑问一个个找到了归属，之前想过没有想明白或者一团糨糊的那些人生疑惑，原来都是哲学之问，且早就分门立派，有无数哲学先知替我们思考归纳过千百遍了。后来陆陆续续读了不少中西方哲学方面的内容，觉得哲学真是安顿自己、了解他人的一门人生必要的学问。给 4 岁的孩子买哲学漫画书，可能正是源于我自己这些迟来的认知。

对孩子来讲，我觉得哲学既像一根桩，又像一扇窗户，钉下得/打开得越早，孩子对这个社会和世界的了解就越多元，看待问题的角度就会多几个面向，最终学着慢慢包容异己，求同存异。

育儿专家早就说了，每个孩子都是天生的哲学家，为人父母的，千万别把他们“精心”培养成一介俗人。

同类图书推荐 >>

《写给孩子的哲学启蒙书》（一套 6 本）

[法]碧姬·拉贝、米歇尔·毕奇等著

适合三年级以上的孩子，以文字为主，探索的内容更深更广一些。

“大师经典哲学绘本”《国际大奖短篇小说·哲学卷》（一套 4 本）

[德]莫妮卡·菲特 著，[德]安图尼·波阿提里思克 绘

这套书老少咸宜，故事好读好听，包括《收集思想的人》《擦亮路牌的人》《当颜色被禁止的时候》《画家、城市和大海》。

汉声童话：一天一个中国故事

在绘本风行的当下，每家孩子的书架上几乎都摆满了国外引进的绘本。

想让孩子学会表达爱，有一本从英国引进的《猜猜我有多爱你》。

想让孩子了解各种动物的大便有什么不同，引自德国的《是谁嗯嗯在我的头上》很棒，儿子小时候对这本书爱不释手，每次都看得哈哈笑。

如果你忘了自己小时候闹过的别扭，从法国引进的《不一样的卡梅拉》也许会让你对孩子的各种上蹿下跳多一些免疫力。

各个国家不同门类、各具特色的绘本可以让孩子们从小跨越国界线，汲取世界各地优秀的精神食粮，慢慢培育出开阔的视野和心胸，自然是件好事。

但是每次看到各种机构推荐的年度、季度或月度最佳儿童读物名单，国产绘本和读物只有一两种上榜，或者干脆缺席时，总觉得有什么不对劲。

我们小时候听过的故事呢？那些曾经让我们迷恋的哪吒、葫芦娃、嫦娥、八仙过海的美好传说呢？我们不能给孩子讲那些爸爸妈妈小时候听过的故事吗？

百家饭是吃得香，但自家饭才是根本，才是最合胃口的。

儿子生在中国长在中国，中国出产的故事，历史上的人物，还有那么悠久的传说，怎么能漠然不知呢？

给儿子找一套满意的中国风的绘本和故事成了我当时最迫切的愿望。往远里说，是想给孩子埋一颗热爱传统文化的种子；按科学的说法，是想给他的胃里及早储备一点消化民族文化的蛋白酶，等他长大了才有胃口消化其中储蓄的养分。将来不管孩子在世界上哪个国家哪个地方生活，都不会忘了自己的出处，更不会忘了自己的根。

漂洋过海去买书

儿子 4 岁多上幼儿园中班，当时他最着迷的是《青蛙弗洛格的成长故事》，“小兔汤姆”也是他的好伙伴，《斯凯瑞金色童书》系列里的小屁孩儿一家更是他百看不厌的腻友，和这么多有趣精美好玩的国外绘本比，我能找到内容、插图都不输阵的中国读物，让他“移情别恋”吗？说实话，当时我很忐忑。

真的是上穷碧落下黄泉，得来全不费工夫。在读库网上，我看到一套台湾汉声出版的《中国童话》，是台湾著名的出版人黄永松先生率领一班人马采集、整理的中国各地民间故事，涵盖历史、名人、科学、地理、宗教……可以让孩子体会到中国人的生活智慧。插图用的是传统年画、皮影、刺绣、剪纸、壁画、雕塑、石刻等纯中国技法的插画，这下妥了，中国内容＋中国风插图，讲中国故事的同时还可以让孩子感受中国艺术之美，还有比这更完美的书吗？我有点小激动了。但看了 1620 元的标价，小激动就变成了小犹豫。虽然我们家在买书上一向不太考虑价格，但当时家中最贵的一套书是钟叔河先生编辑的《周作人散文全集》，打折后也不过千元出头。现在给 4 岁多的小屁孩儿买一套书就飙升到 1620 元，将要成为家中藏书之最贵，升斗小民凡事落到银子上，免不了多盘算一下。

孩子他爸提醒说有朋友在台湾，可以让她帮忙打听价格，便宜的话可以从当地代买。传来的果然是好消息，在台湾买只要近千元就可以了。我索性得寸进尺，本着好书共享的原则，忽悠另一个朋友也给他儿子买一套，一共买了两套。

没想到买书容易寄书难，朋友说从台湾直接寄到深圳，费用很高，便宜下来的那点费用很可能就交给邮局了。我这才明白一直争取的两岸“三通”有多重要。朋友提醒说，如果香港有熟识的朋友，寄香港邮费会便宜很多。这个不难，孩子他爸当时就职的公司总部在香港，常年有公车往返，顺路。

这两套书和我们买的另一套旧书就这样漂过台湾海峡，绕道香港，出现在我们家的书桌上。

拆开来，哗！一大包，16开，色彩漂亮，纸质精美。12本，按农历的月份出版，里面的故事跟当下的节令密切相关，这是我买到的最贴心的故事书了。自此，给孩子讲故事，再不用自己东拼西凑把现实和故事硬往一起撮合了。

硬挑缺点的话，这套书是竖排繁体字，旁边的注音也不是汉语拼音。

一天一个故事，这个可以有

几乎每个孩子都像《一千零一夜》里那个贪婪地听故事的国王山努亚，而每个妈妈却未必有讲故事的山鲁佐德那样的本领，肚子里别说存1000个故事，就是讲几个故事都勉为其难。我以前总被妈妈们问：有没有一套书，按一天一个故事的方式编排，可以拿来直接一天一个读给孩子听？

我当时有点不以为然，觉得这些妈妈简直异想天开。

哪里会想到海峡的彼岸，早在1982年就有这么一套现成的童书在等着我们，不仅是一天一个故事，而且贴合时令，我买到手的已经是第 24 版了。

2009 年，汉声的黄永松老师来北京做讲座的时候说，《中国童话》刚刚印了第 25 版。台湾著名学者杨照说，他就是看《中国童话》长大的孩子，现在他也有孩子了，再版了他很高兴，他要买给他的孩子看。一本书滋养了两代人，可见它的影响力。

《读库》主编张立宪为此感叹，汉声 1982 年出的《中国童话》现在还在卖，累计卖了 30 万套。黄永松老师 30 年前花大力气做了一套能养老的书，每年都在卖。我们的出版界能不能多做几本可以养老的书呢？

黄永松老师介绍，《中国童话》当时材料不容易取得，除了一些民间故事、历史故事、寓言等，他还参考了北京大学在“五四”时期开展的全国民间故事采集所得的资料。

为了编写这套书，当时汉声出版社成立了由 40 位年轻文艺工作者组成的《中国童话》工作小组，分文字和插图两部分，文字部门定期请学者专家来讲解分析儿童文学写作方法。每写一个故事，都要经过严格的资料和题材的选定，互相口述来研究故事的语气和结构，然后经过两三次的修改润色，才算定稿。而每一幅插图也都是从中国传统的年画、剪纸、刺绣、壁画和各式各样器物艺术中取材的地道的中国素材，请画家精心绘就。

难怪，《中国童话》一经出版，就获得了台湾地区最高出版奖“金鼎奖”，接下来又斩获“新加坡最佳图书”“最佳图书美术设计”等奖项，陪伴台湾两代人成长，是小朋友投票选出来的“最受欢迎的童书”。

幸运的是，这套童书在2012年出版30周年之际出了大陆版，更名为《最美最美的中国童话》，开本比台湾版的要小一些，标价只是台湾书价的零头，打折后更低，妈妈们可以网上下单，不用像我们那般费尽周折了。

从纸上捡起那片江山

海峡两岸，虽然同根同生，但具体到文化上就成了花开两朵、各表一枝。

给儿子讲过《中国童话》之后，我觉得对于大陆的小朋友来说，这套童书最大的价值就是，可以让他们从小了解教科书和历史书上那些被忽略、被遗忘的历史故事和人物，同时把台湾纳入他们的认知版图。

比如12月15日的故事《四十一号童子军》，讲的是四十一号童子军杨惠敏冒着生命危险，把国旗绑在身上献给驻守在四行仓库、誓死抵抗日军的谢晋元团长，然后跳进苏州河往对岸游，终于躲过了日本侵略军的机关枪。当时国外媒体赞她为“圣女贞德第二”。这个故事让我想起了儿子语文课本中的王二小。都是讲抗日小英雄，一个机智勇敢，全身而退，另一个舍生取义，壮烈牺牲。对比阅读，颇有益处。最关键的是，杨惠敏可能在台湾家喻户晓，但在大陆却知者寥寥。这种阅读算是补白和填空。

除此之外，台湾的风俗、传说、历史人物在这套书里也逐一登场，像农历八月初十，是台湾开发史上的传奇人物吴凤的生日。他改善了阿里山曹族①部落的生活，革除了用人头祭神的习俗，和当地部族和睦相处。

台湾美不胜收的山山水水又经历过什么样的离奇传说呢？这部分故事很受小朋友欢迎，儿子很喜欢听。

比如说，高雄左营附近的半屏山为啥只剩了一半？原来是神仙削来做汤圆，惩治那些爱贪便宜的人去了。诸如此类。

要知道，1971 年创刊的《汉声》杂志原本只出英文版，属于横向坐标，两端延伸，向外扩张，目的是向海外读者介绍中国的传统工艺，让西方人了解中华文化。但后来，他们却发现越来越多的国人遗忘了自己的传统工艺及其所蕴含的厚重文化。1978 年，《汉声》杂志停掉英文刊，转变成纵向坐标，改做中文杂志，把办刊方针改为向中国人介绍中国的传统工艺，希望把传统文化和现代人之间的断裂弥合起来，

---

①编注：曹族现已更名为邹族，作者购置的《中国童话》内为曹族。

主动担负起了古今衔接的使命。

黄永松曾转述学者俞大纲的话：传统就像头颅，现代就是双脚，现在的情形是把传统抛在后面，双脚往前跑，是一个缺乏肚腹的断裂状态，你要做一个肚腹，把它们连起来。

按这个理论来看，汉声出版的《中国童话》无疑有着连接头和脚的肚腹功能。

说来也有趣，这套历经波折来到我家的书，被儿子接受的过程也很波折。最初，我摩拳擦掌，想按一天一篇的进度讲，可惜儿子不愿意听，搞得我剃头担子一头热，挺懊恼。

过了一段时间，儿子突然 180° 大转弯，不知道哪个键连通了电，突然自己按月份取出《中国童话》，每晚摊在床头，由他挑两个故事让我讲，他最喜欢的是民间传说，尤其是摇钱树这些突然暴富的故事。

这套书后来摆在儿子书架的外面一层，每次看到儿子一声不响拿起来翻读，我就满心欢喜。

儿子上了初中后，这套书被他从书架上“辞退”了，因为得来不易，我赶紧宝贝似的收藏起来，等着传给我的孙子，千辛万苦买来的书，最起码要用两代。

顺着植物这条线，扯出藤藤蔓蔓

读书其实跟吃东西一样，各有偏好，有的孩子钟情恐龙，有的孩子爱看人物传记，有的孩子则非冒险侦探不读……我儿子小时候是植物控，喜欢各种花花草草，藤藤蔓蔓。路上掉落的一片叶子，他会珍惜地捡起来，左看右瞧，如果他觉得很漂亮，就会拿回家夹在书里当书签。走过路过的各种花，他会凑上去闻什么味道，忍不住下手去摘时，我得及时喝止；后来我发现他跟同学们偷着去吸花蜜，甚至看上去很普通的一截树枝他也当宝似的，捡回家放到阳台上，枯了都不肯扔掉。如果爬山捡到松果壳，他会像中了大奖一样喜出望外。

家里阳台上的植物基本都归他来管理，薄荷什么时候该浇水了，辣椒什么时候开花了，什么时候变红可以吃了，他都及时播报。每年夏天台风来之前，他早早就把辣椒从阳台上端下来，放到挡风的地方，怕被吹断。他最喜欢被派的活儿是摘辣椒。冬天家里一定要栽蒜苗，一听说爸爸要吃面，他早早拿了剪刀去剪他自己种的绿油油的蒜苗；姥姥每年冬天千里迢迢寄来的红薯，是他认为世界上最好吃的红薯，一旦发现红薯发了芽，他就宝贝似的放到水盆里养着，不久就可以炒一盆纯天然无污染的红薯叶上桌了。

上小学时，他主动报了学校里的菜园班，跟着老师翻地、播种、浇水、拔草，每次上完课回家，他就有说不完的话题——生菜出苗了，香菜收获了……他爸爸给买了一棵百香果苗，让他种到学校的菜园里，那棵百香果苗的长势，成了他每天放学后播报的头条，等他小学毕业时，那棵种在学校菜园里的百香果已经长得枝繁叶茂、硕果累累了。

2014年，孩子9岁时，爸爸的朋友桥东里的新书《花花果果，枝枝蔓蔓》来深圳开作者见面会，爸爸带他去现场，主持人提问：你家阳台上种了什么？他举手回答，一口气数道：豆角、红薯、辣椒、百合、薄荷……

没想到他记得这么清楚，数得这么齐全。

早上出门时，他又告我，簕杜鹃开花了，你应该拍一张照片。

因为儿子爱植物，我爱屋及乌，不经意间陆陆续续地收集，与植物相关的各种书，从四面八方汇集到了儿子的书架上。

植物是通向大自然的一扇门

儿子在书店或者图书馆看到与植物有关的书就迈不动脚了，我的策略是：韩信点兵，多多益善。

广州出版社从英国引进的一套4本的《植物世界小百科》[②]，儿子翻了很多次。这套书每本都不厚，图文并茂，是简单的入门书：植物是什么样的？在哪里生长？生长的秘密？为什么要开花？讲的是最基础最核心的问题，有一页图文并茂说明植物的根茎叶花果统统可以吃：胡萝卜是根，菜花和西兰花是花，叶子有生菜、上海青，茎有西芹，果实就多了。儿子说，都是我爱吃的。对了，喜欢植物的孩子也爱吃水果和蔬菜，算是额外的红利。

德国作家乌纳·雅各布的一套“四季时钟系列”，其中有两本《花的时钟》和《树木时钟》，一本是按季节顺序讲花的形态、功用和职能，另一本则按12个月份把树木的节令和特色交代清楚。对一个在南方出生、长大的孩子来说，这两本书既能延展自身体验，又可拾遗补缺——南方的季节转换边界模糊，书本上的讲述能帮他补起感知欠缺。

---

② 编注：实际是《植物小百科》，但要加上“世界”才能搜到可下单的链接。

日本来的一套《自然图鉴》，从蘑菇到果树再到花草和莓子，精致有趣，从认识到玩耍再到烹调，绘图精美，心思细密，体贴周到，馋嘴的小朋友不喜欢都难……

不过儿子的最爱是台北远流原版、海燕出版社引进的一套“小蜗牛自然图画书系”，里面有《五月木棉飞》《有一棵植物叫龙葵》，这两本他最中意。

每年春天，深圳到处可见火红的碗口大的木棉花，这花掉下来的“咕咚”声会吓你一跳，但它不会在地上躺多久，很快会被人当宝似的捡走。书里写，木棉花晒干后，可以跟金银花、鸡蛋花、槐花和厚朴花，用白水煮成五花茶喝，清凉解毒、去肿消炎。金银花和鸡蛋花在院里随处可见，儿子一直琢磨去哪里配齐其余两种，煮来喝喝。后来又听说木棉可以凉拌或炒食，也缠着我炒一道给他吃。

有一晚和儿子在小区散步，他突然兴奋地说：“妈妈，看龙葵，没想到我们小区里就有龙葵，五个花瓣的白色小花，后来结了绿绿的小果子，等果子变成紫色就可以吃了……”儿子在小区里遇到书中的朋友，开心得变成了话痨。

像博物学家那样生活

现在流行一种“博物生活”，提倡你对身边的花草树木，识其名，懂其用，现在的各种驴友圈中，到处在征集识得花草树木名称的博物学家随行，一路上见了各种花花草草，除了知其名还识其味，让大家的户外野餐多道即兴菜，多些口福。

其实孔子早在《论语》里提道："《诗》可以兴，可以观，可以群，可以怨。迩之事父，远之事君；多识鸟兽草木之名。"所谓"多识鸟兽草木之名"，就跟现在提倡的博物学生活是同一个道理。

最好的认知是从身边的植物开始的。

孩子爸爸在网上搜得一本《莲花山公园园林植物实用图鉴》旧书，是深圳莲花山公园管理处编著的，2008 年出版，只印了 2000 册，仅此一本，卖价不菲，他毫不犹豫买了。因为莲花山是儿子从小玩惯的地方，按图索骥是最容易调动孩子积极性的，这下子我们就可以查找那些看到的植物叫什么名字了。

有时全家背了书去莲花山，一一对号入座；有时用手机拍了图片，回家赶紧翻书事后查找补课。那本植物图鉴成了家中使用率非常高的植物参考书。

后来又添了一本小开本、类似口袋书的《华南地区常见动植物图鉴》，其中涉及的植物不算多，但方便携带。当然，现在手机里有了各种识别植物的软件，更方便了。

一个孩子，对周遭的花草树木关注关心，物物有情，这应该是一种很好的自然滋养吧。

热爱需要生根发芽

爱一个城市，肯定有各种各样的理由。

深圳临海多山，半小时或一小时的亲海车程，城市中心和边缘地区分布着各种高度的山，分类清晰，难度有别，适合不同级别的攀爬者。儿子是出生在深圳的“05后”，爱上深圳几乎是一种本能。不过，如果想让这种热爱生根发芽，爱得名副其实，还需要一定的引导。

幸运的是深圳从来不缺先行者，同样热爱深圳的南兆旭老师以前每周在《晶报》连载深圳的鸟木鱼虫，我按期剪报，攒起来给儿子看。后来这些文章被结集成书——《深圳自然笔记》，南老师从深圳的山岭、田野、海洋、岛屿、河流讲起，动植物、花鸟鱼虫都在其中。大量的图片为证，行文有趣，有诗意有升华，甚至有哲学的趣味。

后来南老师又出了一本大开本的《南寻深圳》，摊开像晚报那样大，是8开本，图片更清晰，看起来更爽目，赶紧又添了一本放到儿子的书架上。引领孩子熟悉自己生活的城市，发掘这个城市的花草鸟虫，这本书是一个很好的切口。

儿子最近和我商量的话题是，他们有同学承包了一个菜园种菜，每周去浇水收菜，我们可以吗？

为什么不可以？

希腊罗马神话：让孩子的想象力飞得更久远

不记得是哪一年，带儿子逛香港书展，无意中看到一本16开的《奥德赛》绘本，打开后发现奥德赛被画成了一只橙白相间、相当帅气的狐狸，深奥的经典瞬间变得童趣十足，复杂的人物关系图谱也因此变得相对简单有趣。对低龄段的孩子来说，动物真的比人更容易亲近，更有吸引力。幸运的是这本书一直是儿子反复阅读的最爱之一，占据他床头的时间也相对长久。

小开本的《漫画希腊神话》是后一年逛香港书展的战利品之一，字多图少，走的唯美风，有点日本漫画的味道，同样被儿子喜欢，翻了又翻。

当妈的都有点贪心不足，得陇望蜀，尤其是我。看见势头不错，赶紧趁热推销，上网买了人民文学版的《希腊神话和传说》

全本，顺带把《荷马史诗·奥德赛》和《荷马史诗·伊利亚特》也一并扫回。书到家，巴巴儿地献上去，没想到儿子只翻了一下，就弃置不顾，继续宠爱那两本“香港来客”。

孩子小时候，我们几个妈妈常带娃聚会，孩子们有玩伴，大人也可以喘口气，趁机抱团取个暖。

一次带儿子和朋友见面，朋友的女儿带了一本《希腊罗马神话》的漫画，韩国引进，洪恩英编绘，少年儿童出版社出品，全套12本。这本书一露脸儿就把儿子吸引住了，而书的主人小妹妹有一种与生俱来拿捏人的本领，书是借给你看了，但只要儿子一跑一动，她就要显示主权，要收回这本书。

看上去有点天不怕地不怕的儿子为此变得坐卧不安。

“妈妈，能马上给我订这套书吗？”他向我求助。

“这有何难？”在我家，买书从来有求必应。

不过，说实话，我翻了一下这套书的内容和绘图，一贯的韩风，诸多女神画得都像一个模子里出来的，除了衣服和名字有差别，只凭相貌很难认出谁是谁，而且内容也经过缩编，简略了很多，只留了粗大的枝干，很多细节都淹没不见。虽然一套书有12本，但削削砍砍后，浓度显然不够。

我不认为这套书是希腊神话最好的版本，可孩子喜欢，照买！

聚会当天下午订的书，第二天书就到了。

儿子放学回家，一声惊呼扑上去，我也大开眼界，目睹了“一朝选在君王侧……六宫粉黛无颜色”是什么感觉。儿子从此枕上车上、长途旅游、短途出行，带书只从这套书中选。

都是神话惹的祸

看这套书没多久先惹出一桩祸事来。

儿子和一位同年级的女生约好一起爬莲花山，两人都是希腊罗马神话的拥趸，女生可是把厚本文字版都看完的高级别的阅读者。两个人边走边聊，从宙斯聊到阿波罗、雅典娜，从书城出来，一路舌战，儿子口无遮拦封女生为“灾难之神”潘多拉。女生自然生气反驳，争执了一番，后来和解。

没想到，到了莲花山脚下，女生以各种理由拒绝爬山，儿子则强烈要求登顶。两个陪爬的妈百般劝说无效，只好分道扬镳，就此别过。

分开没多久，我就接到女生妈妈的微信，说女生其实是生气被比作潘多拉，怒而离场。

小子这厢微信认真道歉，女生那边勉强接受，这算是读书惹的祸事一桩。

经此一役，两个小伙伴再次结伴新疆行时，儿子包里揣了3本《希腊罗马神话》，一见面就大方询问，你是愿意做赫拉还是做爱神或智慧女神？自己挑一个！

我窃喜，知错即改，孺子可教！

但如果你认为两人可以从此和平共处，不起战端，肯定是忘了自己的童年岁月。

果然没过多久，我只听得一个骂另一个，你简直是花心大宙斯，另一个又拿出潘多拉的杀手锏回击。

聪明人不会被同一块石头绊倒两次，女生这次自然超脱，不再甩头不顾。

新疆一路行，神话故事被两个小朋友活学活用，你来我往，高兴时可以一起探讨欧罗巴的来历和九头蛇怪的厉害，翻脸了信手拈来神话中的人物当弓当箭，乒乒乓乓，你来我往。

对孩子来说，性格爱好固然是结识好友的前提，但共同的阅读爱好和题材更像是精神密码，在万千人海里，因为希腊罗马神话，突然就觉得彼此拉近、亲切，而成为无话不谈的好友。当然另一种可能就是因为引用不当吵红了脸。

所以，某种程度上，阅读其实就是在给孩子的精神世界里储存各种各样的连接友情的线头，在相遇的一刹那，他会找到各种各样的同道：原来你也读过《丁丁历险记》？噢，《小屁孩日记》里的哥哥罗德里克是有点坏，《了不起的狐狸爸爸》里最瘦的农场主比恩像铅笔一样瘦，法布尔的《昆虫记》我最喜欢的也是圣甲虫。

电光石火间，就像接头暗号一样，一下子就让他们因为拥有共同的密码和记忆迅速拉近。

有一次儿子跟我逛书城，他听到旁边一个小男生谈论《不一样的卡梅拉》。他凑上去嘚瑟说："哦，这本书的插画作者还来过我们学校，我有他的签名本，还跟他合过影。"

看着对方半是羡慕半是怀疑的眼神，儿子让我证明："是吧，妈妈。"

那一刻，我从他的神态中读出两个字：富有。

神话有"返老还童"的神力

我每次向朋友推荐好书的时候，通常会被反问：读了有什么用？

我很奇怪，当妈的都知道让娃把每一顿饭吃扎实了，孩子将来肯定会有一个好身体。她不会追究这顿饭吃进去对孩子身体的哪个部位有用。

读书是给孩子的脑袋和精神世界提供粮食，奇怪的是给孩子吃营养丰富的饭菜没有疑问，换成给孩子提供内容丰富、搭配合理的图书，怎么就会有各种各样功利性的疑问呢？

其实读书跟吃饭是同样的道理，书读得越多越杂，孩子的精神世界才有可能越敞亮越广阔。

从儿子的阅读和感受来看，《希腊罗马神话》给出的是解释世界起源和由来的一种答案。奥林匹斯山上的众神，天空和海洋，神界和冥界，众神的身世，前辈的恩怨情仇，都是他看待和理解这个世界的一个入口。

翻译过《希腊神话》的周作人曾说过："很多人有种误解，以为古人是陈旧老迈的，其实不然，我们今天的人才是老者，上古文化乃是人类之童年，老人方才世故、多虑、计算。要使文化焕然新貌，其实是最需要拥抱古代文化思想的。而神话是人类童年时代所造，保留了这一种纯真精神的源泉，古希腊神话又是其中最不拘礼法地散发出人性的光辉来的。"

希腊神话之美是因为希腊民族不是受祭司支配而是受诗人支配的，"希腊精神即使不能起死回生，也有返老还童的力量，在欧洲文学史上显然可见。对于现今的中国，因了多年的专制与科举的重压，人心里充满着丑恶与恐怖而日就萎靡，这种一阵清风似的祓除力是不可少，也是大有益的。"（周作人《我的杂学》）

在当下急功近利的浮躁文化中，周作人强调的希腊神话的作用显然没有过时，如果一定要给出让孩子读希腊神话的理由，周作人早就给出了最佳答案。

让孩子的想象力飞得更久远

读过神话的孩子容易保留一点神奇的想象空间，对文字建构的虚拟世界有一种与生俱来的亲近感。他相信神奇的存在，也期待奇迹的发生，这也许能让天真和好奇心在孩子身上更长久地驻足。

除了希腊罗马神话，儿子还读中国古代神话和民间传说。

他相信在某个神奇的山头肯定有棵摇钱树，冥界是人死后的另一个世界，他交代我过奈何桥的时候，千万不要喝孟婆汤，下辈子就可以再度和他和爸爸重逢。

他还相信奥林匹斯山上的众神很忙碌，太阳是由阿波罗神掌管的，阿波罗是金牛座的神，他能预知未来，就像金牛座的老爸会用易经占卜一样。爱神则忙碌地在恋爱的人之间穿梭。他最爱的酒神狄奥尼索斯则是他眼中唯一没有缺点的完美之神。

按中国的神话，很久以前天上的九个太阳是后羿射落的，嫦娥至今还在月宫里，寂寞地对着吴刚、玉兔和桂树。

最后娃一直纠结：玉皇大帝和宙斯如果碰到一起的话，谁是老大？谁该听谁的？

找到百科全书里的“倚天剑”

当孩子心智稍稍发育，开始用小小的脚步丈量周遭，用稚嫩的目光打探世情，会发出一连串的提问：

妈妈，大将军是一块姜吗？

壁虎的尾巴断了为什么还能长出来？

我是怎么跑到你肚子里的？

乞丐为什么跟人要钱？他没有爸爸妈妈吗？

面对我们习以为常、孩子却疑惑得千奇百怪的问题，我这个当妈的才深刻领悟到“一张白纸”是什么意思，才明白孩子对这个世界的认知，原来是从一个接一个的“为什么”开始，像搭积木、拼乐高一样，一点点累积起来的。这就不难理解为什么几乎每个孩子的书架上都有一套百科全书。为什么当了爹妈的人都在找各种各样的百科全书救驾助阵，大人总有知识盲点，而“十万个为什么”正是孩子认识世界、垒起自己知识城堡的根基和出发点。

我颇有自知之明，在寻找百科全书方面起步甚早，很早就囤了一套《十万个为什么》在书架上，却发现儿子兴趣不大，因为书中的问题和答案与他小脑袋里攒好的“为什么”不大能对上号而被打入了冷宫。

世界这么大，市面上的书这么多，我不信找不到让儿子看对眼的那一套，只不过要多交点学费而已。

再试再碰壁

网上搜罗，发现了一套《大英儿童百科全书》，由不列颠百科出品，网评学术性强、权威性高，名声不小。正好是针对4—12岁孩子编写的，儿子当时还不到10岁，正好是适龄儿童，我赶紧锁定下单。

书到了，献宝似的把第一册递过去，儿子看了一眼，“切”了一声就丢开了。

我凑上去看，第一篇是《伊索：一个讲动物故事的人》，选了两个寓言，一个是贪心的狗，另一个是狐狸和酸葡萄。说实话，对一个把《伊索寓言》翻了若干遍的孩子来说，这个开头是有点低幼。但小朋友的判断根本不带拐弯，一声“切”就把这套书全体判了死刑，简直是以偏概全的典型。

我知道儿子这个判断很幼稚，很不靠谱，于是耐心等待翻盘的机会。

我采取诱敌深入法，把这套书码在客厅沙发前的茶几上，一厚摞，他每天放学回来就坐那里，不抬头都能看见。可惜不管用，娃意坚志决，照样熟视无睹、不闻不问、不摸不翻。

我又尝试爱屋及乌法，把它们安顿到书架上，放在那段时间他点击率最高的那套《穿越时空》旁，他还是目不斜视，不肯轻易动一下。

又有一次，我干脆翻开其中的蚂蚁章节直接游说，结果招来儿子一个更高分贝的“切”，他说：“老妈——法布尔的《昆虫记》比这要全得多得多，我早就看过了！”

我恨不得打自己一拳，干吗选的词条这么衰呢？明明有更多更有趣、可以吸引娃的内容。

努力到这个地步，我不认输也不行了，干脆把这套 16 本的百科全书摊开来，认真研究被儿子嫌弃的原因。

细看之下才发现整套书是按英文字母顺序编排的，从A到Z，就拿第一册来说，伊索寓言（Aesop's Fables）讲完就是非洲（Afric），接下来讲年龄（age），接着是空气（air）。按英文排列，都是A字打头的，可译成中文就显得跳跃性很大，从寓言到地理，从年龄到空气，篇目之间没有连贯性，再加上文章干货不多，对我儿子这种读过一些书，要求更多信息量的半大儿童来说，稍显低幼，不太“对口”。

“也许早点买给他，就对了。”我只能这样自我安慰。

两年生日礼物攒齐的一套“宝”

人和书的缘分说来也巧，儿子 8 岁生日时，他相中了同学的生日礼物书——德国少年儿童百科知识全书《什么是什么》系列，一共 12 辑，每辑 10 本。

当时儿子和班级里的几个好友约定过生日互送礼物，我们几个金主妈妈建议，好友过生日时，其他人就集资买书作为礼物。到他生日时，朋友们应约送的就是这套百科全书的前 4 辑，一共 40 本，厚厚一大摞。他翻得最多的是第 4 辑：《消失的城市》《古罗马帝国》《古代德国》《古代希腊》《古代埃及》。一次班级外出旅游，在大巴车上出节目时，他就拿这书里面的题目提问，显得有点高深。能读以致用，或者说读了去嘚瑟，我觉得是一种好的输出，应该鼓励。

8 岁寒假，这套书成了他的新宠，饭前睡前，饭后醒后，手里总是拎着这套书中的某一本。语文老师布置的寒假作业有一项是统计阅读书目，他算了算写了 43 本，这套书的 40 本几乎全部入选。有些书一遍又一遍地看，都不知道翻了多少回。

寒假老师布置的作文，儿子有一篇就是根据书中《钱坑的秘密》写就的，也算是读以致用结出的小果子。

儿子9岁生日，依然一往情深，继续要求朋友们送这套百科全书的5—8辑，他同时要求我们送他这套书的9—12辑作为生日礼物，因为他早就看了目录，特别想看《木乃伊的秘密》《寻宝传奇》《古塔与高楼》。

我和他爸听得满心欢喜，赶紧下单。

生日当天儿子一下子收到80本书，和前一年生日收到的那40本加起来，120本书集中在一起，占了他书架一小格的前后两排，阵容堪称豪华。

他就像掉进米缸里的老鼠，东看西摸，抽出这本，放下那本，一脸的满足。

百科全书里的“倚天剑”

儿子为什么嫌弃英国制造却中意德国出品？

我抽时间做了点小研究。

打开他比较喜欢的那本《世界七大奇迹》，比照被嫌弃的英式百科全书。首先，两者风格截然不同，英式百科全书的插图几乎全是手绘，而德式的插图百花齐放，有照片，有地图，有结构图。从观感上简单区分，英式百科全书插图有点幼稚，德式百科全书插图和配图很丰富很成人。

再看内容，英式百科全书，词条内容很简单，是入门书。德式百科全书讲历史更讲现在。比如讲世界七大奇迹先从《神圣的数字 7》讲起，分析《7 为什么是一个特殊的数字？》《谁是第一个记录世界七大奇迹的人？》《为什么巴别塔没有被列为世界七大奇迹？》。

对一个热爱埃及文化、曾把金字塔的结构画到自己本子上的孩子来说，打开这本书，简直是惊喜连连：书里不仅有金字塔修建的模拟图，还有单个解剖图和金字塔群的整体结构图，就连大人看了也兴趣大增。

翻到封底，发现这本书的作者是德国著名的科学家和科普作家汉斯·埃查尔德特博士。专家写科普读物自然是驾轻就熟。顺势把这整套书的作者扫了一下，哦呵，了不起，考古学家、历史专家、古史专家、天文学家，几乎每本书的作者都是该领域的权威，与其说德国人舍得下血本，不如说他们尊重孩子、热爱孩子，不惜集中最优作者群给孩子们写既专业又通俗的百科知识。

这套百科全书除了作者阵容强大之外，书中的照片也来自全世界的各种顶级权威研究机构，都是第一手照片。像《太空航行》一书中有 30 多张照片来自美国航天局，还有的来自欧洲航天局和美国国家射电天文台等。120 本书中所有照片都是出版社不惜工本购买的一手高清图片，全套图书没有用一张二手图片，这种严谨和大手笔无不体现出精工细作的德式风格。

用过德国电器、开过德国汽车的人自然会对德国制造情有独钟。没想到在图书出版上，德国同样品质精良。

要知道，诺贝尔奖自设立至今，德国裔获奖者占比接近总数的一半。截至 2019 年 6 月的统计数字，德国裔诺贝尔奖获奖者已有 108 人，仅次于美国和英国，位列全球第三，其中获得自然科学方面的奖项占比偏高。

分析原因，有一条是绝对不能忽视的，就是科学知识的普及，让每个德国孩子阅读最好的科普读物是德国社会的共识，这就不难理解德国的科普图书出版为何会水准极高、种类繁多、学科齐全、团队顶尖、印制精良。

儿子无意间选中的居然是一套百科全书中的“倚天剑”，好手气！

那年寒假，怕儿子再跟我聊“钱坑”时我一脸无知，就打算跟在人家屁股后面认真看看这套百科全书，没想到儿子听了有点担心地劝阻说：“妈妈，你能不看吗？”

“为什么？”

“因为我想讲给你听！”

嚯嚯，皇帝轮流做，终于轮到我！

一个给儿子讲了无数故事，读了无数书的老妈终于等到了听儿子讲故事的一天！

我老怀大慰，爽快地应承：“没问题！我等着！”

给孩子提供应急机制：
面对灾难读什么？

有人曾这样总结 2014 年，从寻找一架飞机开始，到寻找另一架飞机结束。年头是马航失联，年尾是亚航失事。再加上上海滩的踩踏事故，真是祸不单行。

2014 年 3 月 8 日马航 370 失联，239 名乘客和工作人员中有 154 名中国人，几乎把全世界所有人的注意力都卷了进去，孩子也不例外。儿子每天放学回家，或者第二天一起床，第一句就问：马航找到没？

当灾难来临，孩子们的小脑袋也没闲着，他们也在用自己仅有的认识和鉴别力分析事件，表达见解。鉴于孩子们年龄不大，心理承受能力也有限，在面对灾难的时候，家长到底该领着孩子读些什么？

2020 年出现了席卷全球的疫情，这一次全球人民共处水深火热之中。我们一家三口齐齐宅家里。6 年过去了，当时需要辅导和引领的儿子，现在已经可以拿各种不同的观点在饭桌上和你开怼了。这篇文章记录的是 6 年前的招数。

不逃不避，直面现实

在《读库》修复出版的“百年经典老课本系列”——《共和国教科书·新国文》的高小部分第一册中，世界上最著名的沉船案“泰坦尼克号沉没”也被选进书中，而且用了两篇文章记述，分为《铁达尼邮船遇险记一》《铁达尼邮船遇险记二》（注：老课本当时把“TITANIC”译作“铁达尼”）。课文用的是文言文，基本把“泰坦尼克”号事件完整齐备、详细生动地记录下来；不是作为凄美的爱情故事，而是告诉孩子们公共灾难发生时不慌乱，要听从维持秩序的人的指导有序撤离。这说明当时的教材选编人员的眼光是全球性的，不仅可以让孩子们了解世界上最著名的沉船事件，了解沉船时各色人等面对死亡从容安静、秩序井然的事实，同时也在潜移默化中让孩子学会面对灾难和生死时应有的秩序与态度。

在资讯不发达的 1912 年，这样的教材编排和选材堪称独具匠心，一直被当作优秀例证。

现下，网络发达，电视报纸资讯四通八达，孩子们耳目广见闻多，重大灾难他们几乎和大人同步获悉。在替遇难者揪心难过的同时，如何带领孩子从阅读中分析真相，进行适当的情绪疏导，同样是家长面临的重要一课。

先让孩子从书里找线索

“马航事件”发生后，儿子从书架上找相关的图书，从中寻找线索。他首先找到的是厚厚的一大本《危险大百科》，其中有一页《危险的旅程》，提到飞机飞行的原理，早期的飞行和飞机失事事件。这里的记录看上去很乐观，因为它说：“大多数的飞机失事并不会引发致命的结果。比如从 1980 年到 2000 年，美国共发生了 568 起飞机失事事故，其中 90% 的乘客和机组人员都生还了。”

儿子提醒说：飞机失事时，坐在机舱尾部的乘客生还机会要比坐在机舱前部的乘客高出 40%。

我找到的是中国宇航出版社出版的《剑桥少儿科技百科》，书中介绍了飞机的起源种类、操纵原理、生产线、黑匣子的位置，以及雷达安装的方位和分别位于主翼和尾翼的燃油箱，等等。对于孩子没机会进去的驾驶舱，书中还原了舱内清晰详细的图表、电脑显示、油门控制杆、侧面操纵杆，以及可以显示飞行路线和雷达资料的导航显示屏。

面对这个更真切的驾驶舱，好像所有的推测和想象都找到了现实的出发点。

劫机与《714航班》

当“失联的马航370改变了航线，可能被劫机”的猜测四起时，儿子想起了《丁丁历险记》中的《714航班》，赶紧拿出来又复习了一遍，这本漫画讲的恰好是一次劫机过程。

为什么雷达没有测到马航370？

儿子翻着书解释说：超低空飞行真的可以逃过雷达的跟踪，但很有可能坠入大海。

当时多国联手在越南附近的海域搜索马航370，儿子觉得飞机有可能偏离了航道。飞机上没有救生艇吗？如果他们掉到海里，能有水喝吗？

巧合的是，儿子曾在电视节目中看过美国唯一在逃劫机犯丹·库伯的案件。1971年，丹·库伯劫持了由俄勒冈州波特兰飞往华盛顿西雅图的波音727，并如愿拿到了20万美元赎金，他并没有伤害飞机上的任何人，只是跳伞逃脱，生死未知。这个案件成了美国历史上最有名的四大悬案之一，也是世界上唯一一起至今仍未被破获的劫机案。就是因为他的劫机，促使世界各国开始重视建立健全飞机场安保制度。

“妈妈，丹·库伯是个‘好’的劫机犯，他只要钱，没有伤害一个人。如果这个劫机犯也只要钱的话就好了！”儿子期待着。

一堂现实的生死课

一位朋友用“马航事件”给她儿子上了堂生死课。

她说：“假如我在飞机上，假如妈妈以后遇到这样的事，你要答应我不要这样守着新闻，刷着手机等待和期盼。如果难过，就找个没人的地方哭一场，哭完该干吗干吗去。活着的人好好过日子才是最重要的，人去如灯灭，方式和地点有什么重要？”

其实我也早就跟儿子说过这样的话，希望他能坦然面对生死，而且要把我错过的那份精彩替我赚回来！在所有的期待落空后，等待我们的就是残酷的现实，除了接受，别无选择！

说到底，因为马航370里没有自己的至亲好友熟人，所以伤痛仍隔了一层。对孩子来说，遭遇亲人的离世才是重大灾难。

儿子第一次面对死亡：《爷爷变成了幽灵》

儿子从满月到1岁是爷爷奶奶一手在带，没想到儿子刚过4岁生日，他爷爷因病去世了。孩子是长孙，带他回老家参加葬礼是肯定的，但会不会给他造成心理阴影？如何防范？出发前我特意给心理咨询师朋友打电话咨询过，朋友说了一些注意事项，不要让孩子看太恐怖的场面，要及时关注，及时心理疏导，等等。

一回去，我们就带着孩子在棺材前给爷爷上香磕头。孩子爷爷葬礼当天，在小院里举行追悼会时，儿子拿一根棍子像只猴子一样在人群中乱舞，被我妹拉着棍子的另一头，顺势连棍带人一起拖了出去，带到离家不远的招待所，远离出殡时的各种混乱现场。除了晚上见不着爹妈不习惯而哭闹以外，全程没见他有什么害怕的情绪。

没想到回深圳后，过了几天邻居跟我说：儿子去她家跟她儿子玩时说，爷爷死了很害怕，墙上挂着很大的照片，画着图案的棺材上面还卧着一只公鸡，好恐怖！

如何给他的这种惊恐找个出口释放

我吓了一跳，他从来没跟我们说，跟自己的好朋友才肯说。如何给他的这种惊恐找个出口释放？

我上网看到了《爷爷变成了幽灵》的绘本，赶紧买下。记忆中，在给儿子的购书清单中，没有哪本书像这本迫切、及时，又有针对性，这是儿子成长过程中一本非常实用的“疗伤书”。

我翻着书给他讲死亡是怎么回事儿——

爷爷还是活着时的样子，只不过提前到了另一个地方，而那个地方我们将来人人都会去，到时候大家就又碰面了。

爷爷虽然这次走时没有来得及跟你告别，但他肯定像以前一样惦记你。

我问他，你和爸爸讨论人死了有没有灵魂，会不会害怕？

儿子说，想起爷爷在那边，就觉得不怕了。

我不知道这本书能起多大的作用，把奈何桥与孟婆汤也一道给他讲了。

听完了之后，儿子沉默了一会儿，突然很严肃地跟我说：“妈妈，万一你死了，记得过奈何桥时千万别喝孟婆汤，这样你就不会忘了我，我们还能互相找见，下辈子我还要给你当儿子。”

好吧，当我们把死亡后的约定当作另一种深情告白，死亡也变得没那么恐惧了！

接下来我还买了一本《獾的礼物》，也是关于死亡的，不过它讲得温情多了，也文艺了几许。

獾在临死前给朋友们留下一封信，他把死亡当作一次没有回程的旅行，哭泣、悲伤、难过最后被怀念替代，去世的獾在他教给大家的手艺中被回忆，被珍藏，大家的悲伤终于随着融化的积雪融化，笑容出现在朋友们的脸上。

往深里追究一下，《獾的礼物》貌似讲死亡讲告别，其实主要是在讲生存的价值和意义，故事听起来很温情，也很治愈。

说起来，灾难对每个人都是一次历练。不管是置身其中，还是隔岸旁观。

个体在面对一次次突发性的重大国际国内灾难时，除了等待猜测，无法施以援手，只能伤痛着他们的伤痛，感叹着生命的无常。

只不过，当孩子发问时，无须躲避，无须隐瞒，帮他拨开迷雾，增强见识，更帮他整理情绪，安顿悲伤，在面对灾难的时候多一份同情，多一份知识，多一份理性，更多一份坚强。

艺术有什么用？

“五一”小长假出门，全家各带各的书，儿子居然把意大利作家翁贝托·艾柯厚厚的一册《无限的清单》当成自己出门的旅行书装在包里，看得我老怀大慰。

前不久，我翻看艾柯的《丑的历史》时被他看到，他瞄了导论里的插图一眼说，这不是毕加索的《哭泣的女人》吗？再翻两页，他又说，这不是美杜莎的头吗？我正讶异这小人儿知道得不少，人家干脆一把抢走书，斜倚在床上，从头到尾一页页翻看起来，一直坚持翻完才肯起身。一边翻还一边赞，这本书太好看了。有《美的历史》吗？有，可惜到处找不到了，我把自己准备看的《无限的清单》呈上，娃果然一阵欢呼。

艾柯是我一直喜欢的作家，这两本书字少图多，且印刷精美，儿子这么早就喜欢上真的让我有点小惊喜。

经常听到有的妈妈讨论，学艺术有什么用？

还真的有用。

上次外出游玩时，儿子在清溪镇的湖边摔了一跤，裤子背后和 T 恤上都染上了黄泥巴，小朋友本来觉得很沮丧，没想到同行的小伙伴惊喜地报告：没想到你摔出一幅画，就像一座山上长了几棵椰子树。儿子听了变忧为喜，见小伙伴拿树叶粘在他的衣服泥巴画上做装饰，他顺手捡起地上的花要求一并粘上去，索性让它更美点。两个学美术的孩子迅速把一场小灾难小事故演变成了一次即兴艺术创作。

更多的时候，艺术成了儿子的口头禅和挡箭牌，他甚至把所有感觉很厉害又解释不了的东西统统归结为艺术。

艺术和美是什么？

法国作者奥斯卡·柏尼菲创作的一套儿童哲学智慧书中，有一册书名为《艺术和美，是什么？》

儿子 1 岁时，深圳博物馆有一个很高端的展览，达·芬奇手稿之类的真迹都在其中。车开到博物馆门口时，小家伙睡着了，他爹说，睡也让他到博物馆里面去睡，让那些大师的名画熏一熏也好。同行的俺爹娘当下笑了。

这话听上去是有些可笑，但这以后它成了我们家一条不成文的家规——我们尽可能多带儿子去进博物馆、美术馆，看展览，看原作，让他尽早接触到一些好东西。

3岁的时候，儿子进入深圳著名的美术机构“杨梅红”学画画，其实他画画也没有特别的天赋，只是不拒绝。

儿子学了一阵后兴致不减，轮到我开始苦恼——一个学画画的孩子，遇到语文课上要画个小猫小狗时，儿子居然束手无策：“我不会，我们课堂上没有画过。”

我有点疑惑：每周去画画，到底学了点啥？离开老师的拐杖，连个路也走不了？

最后他爹买了一些简单的美术图案书，让他照猫画虎过了关。

突变是在两年后。

在美术课上一直扭来拧去坐不住的孩子终于能画出有情节的画了，他的创意总跟别人的不一样，同样的主题他总有自己的想法，曲里拐弯的图画里到处是故事和情节——船上的一个小角落，随便一勾勒就是一个散淡的渔夫——很多细节特别打动人。他的画不是最好的，但总被老师当成案例去做教学研讨。

又画了一年后，他跟我要求加课：每周一节课，一次课只有一个半小时，他觉得太短了，不够用，没有画够，能不能再加一节课。我去跟老师申请，老师直接推荐他升了一个级别，去上3个小时的大课。一个美术班有20多个孩子，只有4个孩子被推荐升级，他为此得意了好一阵，逢人就嘚瑟。

我在场外助阵，给他买了一套世界优秀艺术鉴赏绘本：《看！线条怎么说话》《看！身体怎么说话》《看！观察画里的光》《看！各种角度看名画》。这套书是画界名家名作的分类解剖课，他看得很起劲。

逛香港书展时，发现了台湾三民书局出版的儿童文学丛书艺术家系列，一套有20位，可惜是旧书特卖，零落不全，只找到3本：《石头里的巨人：米开朗琪罗传奇》《拿着画笔当锄头：农民画家米勒》《光影魔术师：与林布兰聊天说画》（林布兰，即伦勃朗），这3本中，儿子最喜欢伦勃朗的故事。现在他在一大堆画作中很容易就会认出伦勃朗的画，读画多了，已经小有眼力了。

搞笑的是，他只在每周五的美术课上画画——其余时间也乱涂鸦，但认真画只有在上美术课时。

学校课表上有美术课那天也被他当作黄道吉日，一并喜欢。

这也是艺术?

香港巴塞尔艺术展是离我们最近、也是级别最高的当代艺术展。我最初的意图是把那里当成博物馆，带儿子近距离看各种他在书上看过的大师的名作真迹：毕加索、达·芬奇、米罗……油画、素描、版画……起码可以开阔眼界。

但是在巴塞尔展会现场，吸引儿子注意力的却不是这些大师的原作，而是各种稀奇古怪的装置艺术。儿子好奇地蹲在墙角，仔细打量一棵细小的绿草，半天不肯挪步，工作人员紧张地看着他，生怕他动手揪掉。我也在一旁等得有点着急。他没有动手，不过他实在想不通，这不就是一棵在小区院子里随处可见的小草嘛，怎么栽到这里就成了艺术？

转过弯他都不敢相信自己的眼睛了，一面落满了灰尘的镜子上面随意拿手指抹了两下。这不就是他经常洗了澡后借气雾在镜子前乱涂乱画的功课吗？这也是艺术？

还有还有，画布上随便划了几刀，几块砖垒起来，一个标靶上挂几个小飞机……太多太多都是他自己平时淘气时玩耍的东东，难道这都是艺术？

儿子一肚子的疑问，回来后我买了一本书解决：《你为什么看不懂现代艺术？为什么你五岁时没做出来？》作者把现代艺术史上引发公众批评的100件艺术作品拿出来举例，说明它诞生的背景条件和独特的喻义，说明了现代艺术不是也从不曾是孩童的把戏。

跟一个孩子讲清楚这点并不容易，但核心意思得讲明白，就是你必须画得很好，取得了专业的资格认证，你才有资格像5岁的孩子一样随心所欲。就像毕加索一样，他画得像拉斐尔一样好了，才可以随心所欲，像孩子一样画，然后开宗立派，开创了立体派。

如果说参观一次巴塞尔展览，对孩子还未形成的艺术观几乎是一次彻底颠覆，那么读《你为什么看不懂现代艺术？为什么你五岁时没做出来？》一书则是颠覆后的一次重建。于他建成了多少我无从得知，但我觉得这并不重要。

当代艺术就在我们身边，反映的是当下，你不可能避而不见，早接触早认知不见得是坏事。我想让他知道的就是艺术不是高高在上，反而和我们的生活挨得很近，甚至息息相关。

明年我也要去看巴塞尔

第二年巴塞尔艺术展，儿子拒绝去看。我没有强求，一个人去了。回来给他看照片，他看到一只角上夸张造型的鹿后，惊叫起来，他说："妈妈，你知道吗？我一直想画一张这样的画，没想到有人做出来图形了，太牛了！明年的巴塞尔我一定要去。"

后来他真的画了一张黑白水墨的鹿，和我拍的这张照片中鹿的造型相当类似，被我装裱起来，挂在我家客厅。

一个小屁孩通过一张照片来评判一个艺术展"牛"，听上去很好笑，但是有什么关系呢？只要他肯去就成。我听见自己的心里一声得意的笑。

一年后儿子的美术班又升了一级，只不过我和他一开始都

刘子汉 / 绘

不知道。那个班的陆老师是我最喜欢的，开学了才知道陆老师被调离担任更高级别的职位了，美术班春游写生时，儿子正好被分配在陆老师带的小班，他特别喜欢陆老师，那次画的大鹏所城的素描有点惊艳，可惜和陆老师没有师生缘。好在接任的美术老师也懂孩子，以前带过他，了解他的性格，总能发现他的优点和特长，这是儿子上美术班最大的红利。

没过多久儿子就跟我念叨，他们班上的同学把陆老师叫作“L老头”，“老头”是一种昵称。

接着又感叹：你是不是觉得我读过《希腊罗马神话》很牛？我自己也这样觉得，现在我才发现我们美术班的同学们个个都读过。

我心里又得意地笑了一声。

又一日回来汇报，自从清明过后，因为他画了一系列的剪影，被同学们封为“剪影大师”。此后，他大受鼓舞，又开拓了一系列的暗黑系列，后来还以“剪影大师”为名，开了一个公众号。他说，还有同学是萝莉控，画的萝莉特别棒，还有的最擅长画建筑，还有的是武器控，更牛的是有的同学画得又快又好。

美术课除了让他学习绘画的技巧，更重要的是和有美术天赋的孩子在一起，儿子会发现天外有天，人外有人，在鹤群中立着，你才会发现自己不过是只小鸡，小鸡要快跑！

美术课上老师通常要求两节课6小时要完成一幅作品，儿

刘子汉 / 绘

子有一段时间小宇宙爆发，一堂课至少能完成一幅完整的作品，遇上难度不大的，一堂课会交两张出来。

曾经看过一个台湾妈妈写的育儿书，她觉得最实用的课外班是美术课，因为孩子一上学就会遇到很多美术作业，学过美术的孩子自然驾轻就熟，不用担心。

我也庆幸让儿子学美术，起码每次老师布置的手抄报不用发愁。

上美术课，让他除了考试成绩以外，多了一套独特的评判标准和体系，他结识画画的朋友，开拓新的认知，在美术课上明白和领悟的东西，并不比在学校课堂上少。

最起码让他明白世界很大，厉害的人很多。

懂吗？这是艺术！

如果艺术作品是一串串珠子，艺术史就是线条，看得多了，容易散乱，需要一条线穿起来。《希利尔讲艺术史》就是一条线。酷爱历史和艺术、毕生从事中小学教育的美国杰出教育家希利尔创作的这本书，从绘画、雕塑和建筑三个部分入手，把故事糅杂进去。原来艺术可以离孩子这么近，可以保存这么久远。这本书对孩子来说是很好的入门书。

我还买了《法国人眼中的艺术史》5 册一套，放到儿子的书架上。

我特别喜欢这套书封面上的那句话："艺术不仅是有用的，而且它大概是除了面包之外唯一真正对我们所有人都有用的东西。"

儿子现在除了把一切他觉得很厉害又弄不太懂的东西都冠之以"艺术"外，还学会了用艺术当歧视链，看到一个奇怪的作品，尤其是逛当代艺术展时，看到我皱眉，他会用不屑的神色说："不懂吧，这是艺术！"他随手涂鸦的各种纸片和本子，他从松树上取回家的黏液，他捡白玉兰配制的香水试剂……在我疑惑的眼神中，他统统拿艺术的大招牌来抵挡。我不揭穿，反倒暗中怂恿。如果儿子能把艺术当成宗教一样信奉，我估计会得意地放声大笑。

刘子汉 / 绘

孩子，你可以
和漫画书一起慢慢变老

读字族父母迎来了看漫画、看电影电视、看网络视频、打电子游戏等“视像文化”熏陶下的读图族孩子，满心焦虑。

有专家火上浇油，提醒说：“视像文化会挤压儿童文学的阅读空间，窄化儿童文学的艺术生态，最终影响儿童阅读文字的能力。”

有人还认真讨论“儿童文学视像化是福还是祸”，我觉得这是一个伪命题，因为不管是福还是祸，孩子们都躲不过。

读图也是种能力

我大学学的是新闻专业，在学校拿了两年相机，从拍摄黑白胶片到进暗房冲洗放大照片，全套操作流程都一再演练过。但毕业后，我先做了 6 年文字记者才转做摄影记者。转行后，我以为挡手的会是我不那么精通的摄影技术，没想到先考倒我的居然是读图能力。

有一次部门开会，主任抱了一大本厚重的画册来，我抢先打开翻了一遍，镜头对准的是“文革”时重大事件背景下雷打不动的日常生活，让人震撼。

画册传到另一位同事手里，她几乎在翻开的同时就爆发出一阵又一阵抑制不住的笑声，大家被她的笑声吸引围上去，我自然更好奇，同样的照片为什么我就没看出哪里好笑？

这是我第一次深刻地反思自己的读图能力。

直到现在我不管看画还是看照片，视线仍习惯最先扑上去聚焦文字，好像文字是我读图的拐杖和向导，离开了便会手足无措。

我读图能力之弱，在陪儿子读绘本时更显露无遗，看斯凯瑞的童书时，他经常能发现我忽略掉的一些细节，比如弗兰克先生的帽子，从第一页被风刮走，以后几乎每页都有一顶帽子在飞，儿子每次看到那顶不落地的帽子就会笑出声来，我还得跟着他的手指才能注意到角落里的帽子。

在读其他绘本时，地上遗失的一把钥匙，墙头露出的两只眼睛，长得根本分不清谁是谁的 14 只老鼠，在儿子的火眼金睛下，全都一目了然尽收眼底，我却要么视而不见，要么死活分不清谁是谁。我觉得儿子这代是真正的读图族，他的读图能力让我好生羡慕。

但是我又不自觉地担心他的识字能力。不承想，有一次我碰到一位儿子认字能力超强的妈妈，她却担心她儿子认字太早，读图相对弱，因为不管看雕塑还是画展，她儿子看完字就走人，根本不看雕塑和绘画本尊。她的话多少缓解了我对儿子识字晚的焦虑。

不看坏的，怎么鉴别好的？

儿子小时候自己要买的第一套漫画书，是他看过无数遍的动画片《猫和老鼠》，看电视不算，还要看漫画，看漫画不懂要我讲，讲一遍不行，要一遍一遍讲，最后讲到我几乎要吐。

他那时候喜欢《猫和老鼠》喜欢得不行，又刚刚享受过被按摩，觉得按摩简直是人间至上的礼遇，有一次看完《猫和老鼠》，激动得要去美国找这位作者，给人家按个摩，表示一个读者的最高献礼。我说，可惜，这位作者已经去世了。儿子不以为意说，那我们可以给他的骨灰按个摩。我觉得这个有创意的诚意非常吓人，赶紧委婉劝退。

有段时间，他每次去深圳中心书城，都要买一本韩国出版的《我的第一本科学漫画书 儿童百问百答》系列中的一本，一次买一本，像一种仪式。想到将来实体书店的生存需要像他这样忠实的顾客支撑，赶紧掏钱支持配合。

《小屁孩日记》是他的最爱，漫画和字数分量相当，有一次学校布置做漫画书，他依葫芦画瓢把这种风格拷贝了一回，看来是喜欢得紧。韩国漫画版的《希腊罗马神话》孩子看得开心，我也乐见其读。《南方都市报》的漫画版他定期追看，看完还剪下来夹成一厚摞，挂起来，不时回看。

慢慢地，事情就起了变化。

有一次，我发现他在书城捧了一摞《植物大战僵尸》看得津津有味，又被《阿衰 on line》逗得前仰后合。我一开始还本着“不看坏的，怎么比较鉴别好的”的开放心态，表面上故作镇定，但等他要买这两本漫画书时，我不得不原形毕露，开始出手阻拦。

儿子不高兴，问为什么不能买？

我说，快餐食品偶尔吃一次没关系，吃多了既没营养又伤身体。他说，《植物大战僵尸》可以不买，但是《阿衰 on line》可是班里同学的最爱，非买不可。一番讨价还价之后，我同意这次只买一本，带回家研究一下。

这一研究吓了一跳。原来这套原创校园 Q 版漫画发行已达 550 多万册，不仅刷新了国内原创漫画图书的发行纪录，还荣获国内“中小学生最喜欢的漫画书”，我这才想起前不久春游时，他们班同学不少人的背包里都带着一本“阿衰”同行。

“阿衰”到底是何许人物，孩子们为何如此痴迷？翻开书瞅瞅，阿衰学习成绩不咋样，长得也不帅，爱吃臭豆腐，喜欢上网冲浪，浑身毛病，其实就是一个倒霉蛋，糗事一箩筐，看上去是搞笑，我怀疑解压放松才是核心。虽然明白阿衰是孩子释放压力的一个出口，可我还是觉得这种漫画格调不高，笔触内容都一般，可拦不住儿子一本接一本往家买。

说实话，孩子不识字时看漫画，家长还觉得孺子可教，能读字了还抱着漫画不撒手，大人就觉得没有长进，尤其是格调不高的漫画。

电视可以关掉，iPad 在规定时间结束后可以收起，可漫画书却防不胜防。我假装不经意地藏起，他也不吱声，翻箱倒柜使劲找，找着就偷着看。那段时间，母子俩演的是《猫和老鼠》真人版，眼见藏的找的都辛苦，我越堵儿子越渴望，我干脆变堵为疏，敞开供应好的漫画书，试图把阿衰挤到一边儿去。

朱德庸、麦兜、高木直子轮番上阵

我先是把书架上的朱德庸搬出来，果然一招制敌，降住了阿衰。

朱德庸的《绝对小孩》教会了他对付大人的花言巧语，他也得了程度不轻的“毒舌症”。没想到，臭小子还顺藤摸瓜，不知道什么时候把朱德庸的两本《大家都有病》也顺便看完了。

直到有一天儿子问我：每一个哭泣的男人后面都有一个爱买的女人；每一个哭泣的女人后面都有一个爱玩的男人。你爱买，爸爸爱玩吗？

我这才警觉朱德庸的爱情婚姻题材明显儿童不宜。

赶紧去书架上找出适龄的“麦兜麦唛系列”救驾，这套书一直是我的至爱。儿子之前看过麦兜电影，很快就把这 4 本书翻完了，还发表了一通感慨，大意是嘲笑麦兜的新年愿望先写了宏大的世界和平之类，最后落脚在吃一碗鱼翅这样渺小的现实上，感觉抡起重锤敲了个小鼓，太搞笑。

看完麦兜儿子就又去找阿衰了。

我知道小孩子的吃书量大，但没想到这样大。

我把日本“人气绘本天后”高木直子的一大堆漫画搬出来再次救驾。当时正值母亲节前，那段时间，他对我这个当妈的总是没完没了地提要求，还总表示不满，明显地重度挑剔，我先把那本《30 分老妈》送上，让他对比一下，知道摊上我这样的“二十四孝”老妈有多幸福，该知足。儿子果然喜欢，只不过他没有发现自己多幸运，而是看人家妈妈烤坏蛋糕，想起他妈妈好久没烤蛋糕和饼干，继续没完没了地提要求。

理想很丰满，现实很骨感，嗯，“搬起石头砸自己的脚”“自食其果”就是这个意思。

放下《30 分老妈》，儿子连看了 3 本高木直子的《150cm

Life》，身高刚过150cm的他，总能找到些共鸣，然后乖乖中计，一跤跌入，从《一个人住第5年》《一个人上东京》到《一个人的第一次》。见他看得起劲，我干脆又上网把高木直子新出的漫画书搜罗了一通，在他的书架上码起来一摞，阿衰早被他抛之脑后了。

其实不用问我也猜得到，作为一个小吃货来说，儿子肯定会喜欢上高木直子的《一个人的美食跑跑跑》。看这本书的直接后果，就是他不时要打开冰箱祭祭他看书勾出来的馋虫。

还有一桩让我肉痛的事：有一年逛香港书展，他兴奋地拿了一摞港版的高木直子，一本港版书的价格几乎可以买内地的好几本，想着自己挖的坑自己填，就算咬着牙也得照买这个单。

当然这并不意味着他可以从此放下阿衰了，只是阿衰不再是他阅读漫画书的全部了。

我这样安慰自己：既然我们看字族都喜欢看漫画，为什么不允许孩子看？更何况漫画是他从小一路看过来的，就像他从小喝牛奶一样，你既然允许他喝一辈子牛奶，为什么不允许他看一辈子漫画呢？

好吧！我不再纠结，试着放手，并跟娃承诺：孩子，你可以和漫画书一起慢慢变老！

科普读物：让孩子从小学会仰望星空

“世界上有两件东西能够深深地震撼人们的心灵，一件是我们心中崇高的道德准则，另一件是我们头顶上灿烂的星空。”德国哲学家康德墓志铭上的这两句话，两百多年来一直在世间流传，让不少读到它的人都为之一震。

学会仰望星空，了解我们在宇宙间所处的位置，对孩子而言，既能建立起一个小小的宇宙观，也能慢慢了解自己身处的大千世界从何处来，又往何处去。地球只不过是我们生存的一颗星球，它在宇宙这个大家庭中处于什么样子的位置？有多长的寿命？经过了什么样的波折？尤其是6500万年前的恐龙大灭绝，地球到底经历了什么，会让这个庞大的物种灭绝，给后来哺乳动物的出场腾出了空间？从单细胞生物到多细胞，从卵生到胎生，这几乎是“十万个为什么”里的必答题，也是孩子把眼光挪向天空时，会自然演变出的一串“连环夺命”话题。

从“万物简史”到“大爆炸”

对付这个连环夺命话题，我们家备用的答案书有两本。

一本是英国旅游文学作家比尔·布莱森创作的科普读物《万物简史（少儿彩绘版）》，是朋友送儿子的礼物。作者比尔·布莱森是一个讲故事的高手，他能把深奥的科学通俗化，把抽象的科学形象化、趣味化，打开他的书就像搭上了一趟旅行快车，还有一名风趣幽默又超级有智慧的导游相伴左右。

一本科普书写得通俗有趣、图文并茂，孩子喜欢自然是不在话下，最重要的是它基本回答了“地球是怎么来的”“人类是怎么进化而成的”“我们又将去向哪里”这些宏大而具体的话题。

另一本是三位英国作者合著的《大爆炸——宇宙通史》。对宇宙大爆炸感兴趣的孩子可以升级读这本书。与《万物简史（少儿彩绘版）》相比，这本的内容有一点难度，但胜在有图片补充。书的最后附有两个有价值的内容，一个是宇宙时间表，另一个是名词术语解释，包含原子、反物质、重子、黑体到暗物质、维度、多普勒效应、伽马射爆线、普朗克时间、类星体等天体物理名词。

对有兴趣多走一步的孩子来说，这是一本不错的拐杖书，将来在初中和高中物理中碰到的名词，可以提前若干年，早一点邂逅。

法布尔的《昆虫记》被各种专家和老师推荐为孩子们的必读书目， 但别忘了，法布尔除了是著名的昆虫学家和文学家之外，也是著名的科学家。在《昆虫记》出版之前的13年，他的《天空记》和《大地记》就已经问世。

只不过，打开《天空记》时我简直有点不敢相信这是写《昆虫记》的法布尔的作品，因为太高冷，太严肃，太学术了。在《昆虫记》里趣味横生的法布尔，抬头仰望星空的时候，却板着一张严肃的脸，宇宙学从几何学讲起，讲测量地球的重量、离心力和惯性，插图随处可见几何图形和标注的角度，学术得有点让人望而生畏。难怪很多人只知《昆虫记》不知《天空记》。

逛香港书展的时候，淘到一本台湾世一文化出版的《漫画名人堂之星空的探索家伽利略》，当时正适合儿子的年龄，读读科学家的传记，总归是好事情。

就像绘画史上你不能错过天才级的大咖达·芬奇一样，只要抬头仰望，大神级别的伽利略就横在天空，绕都绕不过。

伽利略在比萨大学读的是医学，毕业若干年后获得的却是佛罗伦萨艺术学院的指导老师的职位，稍后又被任命为比萨大学的数学系主任。接下来他移居帕多瓦大学，教授几何、力学和天文学。一个医学专业的毕业生，毕业后进美术学院、数学系，教几何、力学和天文学。一句话，除了本专业医学不教外，啥都教，跨界之大，令人咂舌。

伽利略是第一个把实验引进力学的科学家，比如最著名的比萨斜塔实验，他因而被称为“近代实验科学的奠基人之一”。

1609年伽利略创制了天文望远镜来观测天体，发现了很多天文现象，绘制了第一张月面图，还发现了木星的四颗卫星、太阳黑子，等等。

除了是一位发现大咖，他还是一位纠错大咖：亚里士多德在物理学上的许多错误臆断被他推翻了，托勒密的地心体系被他反驳了，牛顿正是踩在他的肩膀上完成了“地心引力说”。

“乔治的宇宙三部曲”

了解时间的奥秘，霍金的《时间简史》是最佳读本，另一本《果壳中的宇宙》用了大量图形来解释深奥的宇宙学，其中涉及广义相对论、量子论、黑洞、暴胀理论、时间旅行、弦论、超引力等诸多前沿概念。别说孩子啃不动，家长看着都会望而生畏。

说实话，从孩子的角度出发，再通俗再有趣的科普书也远不如文学故事书有魅力。好在霍金是个好爸爸，深谙孩子们的心理，他曾和女儿露西合作过“乔治的宇宙三部曲”——《乔治开启宇宙的秘密钥匙》《乔治的宇宙寻宝记》《乔治的宇宙大爆炸》。这三本书通过孩子们的宇宙历险，把前面提到的一大堆高精尖的科学名词巧妙地编织进去，在听故事的过程中不知不觉完成了一次科学启蒙。

讲故事不仅是妈妈们搞定孩子的必杀技，对作家来说，尤其是肯给孩子写书的作家，会不会讲故事更是衡量他们能否吸引小读者、作品是否成功的基本功。

对科学大师霍金来说，把高深的宇宙知识掰开揉碎，融入故事里让孩子们听得懂，其实并不比他写《时间简史》的难度小。好在有女儿露西帮忙，搭起了和小读者之间的桥梁，谢天谢地，这套丛书成了不少孩子们探索宇宙的靠谱指南。

《今日美国》称这套书是霍金 “写给更年轻读者的更简明的《时间简史》”。《纽约》杂志认为它是提供给“科盲父母的及时雨”。《出版家周刊》的评论比较煽情：“由世界上最著名的理论物理学家之一将自己的学科作为一本童书的核心，还有比这更能激励年轻读者对科学产生兴趣的好方法吗？”

从科普杂志《新发现》抵达刘慈欣

科普杂志有最新鲜最及时的科学发现和发明，我家长期订阅的《新发现》，号称“欧洲科学人文杂志第一品牌”，中文版以法文版为底本，主打内容是与人类生存密切相关的科学话题，还有科普领域最全的潮流文化，以及全球科技人文的最新动向，基本一网打尽。

孩子他爸是《新发现》的忠实读者，他一直试图引发儿子对科普的兴趣。每期新送到，他给儿子读的睡前读物就变成了这本杂志。我一开始不以为然，觉得孩子年龄偏小，未必能听懂。有一次他给儿子读《水母的世界》，我注意到孩子耐心听着，不插嘴也没打断喊停。后来，我们在香港海洋公园看到水母时，儿子像打开了记忆按钮，滔滔不绝，把他当初从《新发现》听来的知识如数倒出来，让我吃了一小惊。这才悟出任何播种都会开花结果，不管是大果还是小果。

后来，我发现跟着《新发现》杂志，儿子会追问很多问题：大型质子对撞机的结果出来了吗？“木卫二”发现了冰层是不是就会有生命？从地球到达“木卫二”要多久？

2012年《新发现》推出了青少年版，比主打杂志薄了很多，话题更接近孩子，也更通俗有趣。关于失忆、植物之间的战争、吃肉不需要理由等，针对的就是青少年读者。奇怪的是，儿子没有对青少年版《新发现》表现出特别的兴趣，最吸引他的还是《新发现》每期封面推介的主打文章：核爆炸、大脑的职业化、陨石的降落……每个话题读完，都够他们父子聊好一阵子。

其实所有的一切都是铺垫，阅读中国最好的科幻作家刘慈欣的作品，才是我们一直想诱惑他抵达的目的地。刘慈欣的《三体》三部曲被认为是“中国科幻文学的里程碑之作”，2015 年《三体》获得号称“科幻界的诺贝尔奖”的“雨果奖”后，更是带领中国科幻原创走向世界读者。2018 年《三体》被译为英文版输出美国，2019 年《三体》被抽丝剥茧改编成《流浪地球》搬上银幕。接下来的故事地球人都知道了，2019 年春节档可以称为“刘慈欣档”——《流浪地球》《疯狂外星人》两部贺岁片都改编自他的小说。《疯狂外星人》由宁浩执导，刘慈欣编剧，改编自他的另一部科幻小说《乡村教师》。

在同行眼中，刘慈欣是一个冷漠的宇宙观察者、冷酷的道德评判者和冷静的思想者。这三个“冷”，加起来，对孩子都是非常好的理性框架，会对孩子的宇宙观、道德观和思考的角度有所裨益。最起码可以把孩子从班级的琐碎事情、学校的作业多少、考分的高低、家长的情绪好坏这些俗事中暂时抽离出来，仰望星空，思索“地球的寿命”“下一个宇宙的生存空间在不在火星”这些宏大命题。

理想有多丰满，现实就有多骨感，真相是《三体》三部曲的第一部当时被儿子退回来了，理由很简单：不好看。

他爸赶紧找了刘慈欣的短篇小说集《时间移民》，讲述由于环境恶化和人口压力，地球政府决定派出远征队伍，选取

25岁以下的人类成员向未来移民。这部科幻题材太贴近现实，篇幅也不长，很快就成了儿子的最爱，每天上学放到书包，午睡前和晚上睡前的必读书统统独宠这一本。他爸见势心喜，赶紧把《流浪地球》早早预备好摆到了儿子的写字台旁。刘慈欣的旁边摆的是美国科幻小说宗师阿西莫夫的《银河帝国》6本，虽然电影《星球大战》和《阿凡达》都否认从《银河帝国》中获得灵感、偷袭创意，但是2008年获诺贝尔经济学奖的克鲁格曼却承认，他的经济学理论来自《银河帝国》的启示。

我觉得只要跟着刘慈欣进了科幻这个门，又看了不少科幻题材的电影，他迟早会走进这套号称“人类历史上最好看的系列小说”。

爱上科幻的孩子也许会养成仰望星空的习惯，而有了宇宙视野和眼光的少年，对“地球村”事件的观察、评判和思索也许会与之前截然不同。

当立体书成为一种潮流，买它！

我结婚前买的最贵的一套书是《金庸全集》，三联的，近500元。那时一个月的工资还不到200元，两个人的工资加起来又借了钱才买到手，当然宝贝得不行。那时我住宿舍，放到床底怕被水泡，放床上又担心人来人往被盯上乱借，我第一次萌生买保险的念头就是为了这套书。

好友知道我买了书前来相借，我约法好几章：不得转借；不得带入洗手间；不得吃饭期间看，怕粘上饭粒；更不能边看边吃零食。饶是这样还不放心，估摸着对方到家了，又打电话过去继续叮嘱。

朋友又好气又好笑地说，她和老公准备看书前已经双双洗过手，就差对着书焚香祷告了，弄得我倒有点讪然。

有过这样的经历就不难理解我儿子概不外借私家“珍藏本”

的规矩了。

儿子 10 岁生日，我把早在北京三联书店相中的那套《神秘日志》下单，终于在他生日那天到货了。

等他拆开包装打开书，一声欢呼，满脸笑容。我乐了，猜他喜欢，我这个当娘的还是有些准头的。

神秘日志：优雅的立体书

《神秘日志》有 4 本：《古希腊之谜》《木乃伊的诅咒》《海底 100 天》《龙之魅影》。希腊罗马神话是儿子的强项；埃及也是他一贯的痴迷之所，尤其是木乃伊；一个在滨海城市长大、热爱游泳和潜水的孩子，自然对海底世界充满好奇，所以《海底 100 天》他也看得津津有味。至于《龙之魅影》，对一个爱好恐龙的孩子来说，龙根本就是其中的一种，更何况我们是龙的传人。

这套书的制作真是花了血本。封面上类似宝石的装饰一下子就迷住了我家的宝石迷。打开内页，里面又是地图，又是信封，各式各样的珍宝、样本，就像一个百宝箱，应有尽有。吉萨的三座金字塔胡夫、哈夫拉、门卡拉，都是可掀开式的，里面的结构一目了然，建筑年代、规模和材料在旁边标注得非常清楚。讲木乃伊里面居然附有“一小块木乃伊裹尸布样品”，一下子让你觉得遥远神秘的埃及木乃伊触手可及。儿子兴奋地拿出来给我展示。古埃及的圣书文字符号对应的英文字母也有一个小折页，附在书中的右下角。著名的塞纳特游戏棋，有小信封装着的棋子，还有玩法，再加上方格，摊开的这页书立马变身成了一种玩具。

最独特的是帝王谷里著名的拉美西斯二世的棺椁，编者更是费心地原样模仿，一共做了 4 层，一层层亲自动手打开纸制的书页，有点身临其境的感觉。埋葬的秘密一下子了然于胸。

在电子阅读时代，我曾一度担心纸质书的出路，担心它被屏幕取代。现在看到这套制作精美、花样繁多的童书，再看儿子爱不释手的样子，忽然看到了纸质图书的一线亮光。

事实上，因为电子书的大行其道，纸质书的出版越来越讲究装帧印刷，对内容也越来越挑剔。感觉一般、不值得保存的图书，在网上看看即可。反倒是经得起时间考验的经典之作才值得印在纸上，保存下来，而且制作越精美越有市场。近年来精装书大行其道，就跟读者的这种潜在需求有关。

立体图书有的可以拉开掀开，有的配备可弹出的折页，一下子让平板安静的图书变得立体喧闹起来，有了空间感。以往只是单纯观看的图书变得可摸可玩可写，书中有不少空白鼓励孩子动笔填充。还有的书直接用了手写体，让你觉得就像不小心打开了一本神秘的私人日记，比起规规矩矩的印刷体，读起来更让人觉得既好奇又有趣。

其实，所有童书的买单者都是家长，所以，童书不仅要考虑儿童的阅读心理，更得迎合家长的需求。

从家长的角度出发，再好玩、制作再精美、设计再独特再有创意的图书，最后的落脚点还在它所传达的内容和知识载体上。

细细研究，不得不承认，这套书不光是形式另类独特，它的知识传递同样一点儿也不含糊：历史文化科学常识，几乎是一应俱全，讲建筑有建筑结构图，还有具体的用材；讲到木乃伊，制作程序和原理都讲得一清二楚。

如果说埃及法老的王冠是做给孩子们看的，不同的颜色代表不同的含义，那么翻过来背面梳理的埃及编年史可以说是为想进一步了解的家长备好的。当然对历史感兴趣的孩子进一步按图索骥也有可能。

我儿子比较偏爱的是《古希腊之谜》，潘多拉的盒子像个诱惑，他打了又打，还让我也试试看。神谕橡树叶制作得太精美了，简直可以当书签用。过冥河要付给船夫的“欧布鲁斯”小硬币，放在一个印有火红色封缄的信封里。儿子问是否跟慈禧口中含的钱是一样的？以往需要想象的东西现在都有实物一一列在眼前。

奥林匹斯神界图和诸神图谱，把他理不清容易混淆的诸神列了个谱系，查找起来方便多了，尤其方便了我，接不上茬儿的时候可以当字典用，迅速找准定位，接续话题，不至于太露怯。

这套书曾荣获大英图书奖最佳童书奖、最佳设计与制作奖，全球畅销1500万册！

这套书中最具知名度的是《木乃伊的诅咒》。另一本《海底100天》讲述的是名叫贾提克斯·里赛普斯的男孩乘“鹦鹉螺”号海底探险的航行日志，乍一听，很容易联想到儒勒·凡尔纳的经典之作《海底两万里》。

当立体书成为一种潮流

立体书，从形式上看被称作“Pop-Up Book”（可弹出的书），也被称为“Movable Book”（可动书）；也有人从它的功用出发，称之为 “Playbook ”或“Toybook”（玩具书）。

在国外，立体书已经有一百多年的历史了，它的出现可以说是一次图书革命，改变了图书的传统形式，让安静的纸质书伸出手脚，有了立体感与空间感，孩子从面对传统书的安静的阅读者，变成了可以动手动脚的参与者。

立体图书制作的独特和创意，无疑给孩子们带来很强烈的参与感，进入角色和故事的带入感会更强烈，对故事的理解和认知更容易快速接受。

儿子小时候最喜欢的一本立体书《谁怕大坏书？》，是斯马尔蒂斯图书奖金奖获得者罗伦·乔尔德文图一并包办的。不爱惜图书的小男孩瑞奇，晚上做梦掉进了自己的童话书里，来到皇宫舞会，皇后责骂他是胆大妄为的“剪刀手”，弄坏了她的形象，还弄丢了她的权杖；他才想起来他给书里的好多人物添了胡子和眼镜，还给每个房间加了电话，权杖被他安到了飞船模型上……危急时刻，他在书上剪了一个洞逃到了下一页。

书上真的有个洞！儿子好奇极了，这一页书几乎是他童年阅读中的最爱。我估计对他有脑洞大开的意义。因为前所未有。洞的下一页是《灰姑娘》里狠毒的后母和她的两个丑女儿。可惜她们统统头朝下倒着。因为被他撕下来，顺手倒着夹进去了。

瑞奇吓得画了一扇门又逃了。碰到厨房里的灰姑娘，她惦记着去舞会，可她的白马王子也被他剪掉了，她还不知道，瑞奇突然就有了同情心，发誓出去后一定帮她找回王子。

大人们一定能看出故事里的教育味道——好好对待你的书，你的一举一动，对书里人物的命运都有决定性的影响呢！瑞奇回来又擦又贴的，对这本书做了最大限度的复原。最关键的是他学会了以后面对书的时候要爱惜尊重，不再随意剪来剪去，涂来抹去，免得他掉到书里时人人喊打，像只过街老鼠。

现在想来，没有哪本书比这本书对孩子爱护图书的启发更大的了。

立体书的发展日新月异，以前单纯的折页拉页现在变得花样繁多，更加形象。

从英国泰普勒引进的10册的经典立体科普书，有点极尽所能的味道，更夸张直观：各种翻页、书中书、弹跳立体、拉拉页、纸艺立体模型应有尽有。制作上更讲究也更立体：飓风拉开可以直接看到它是如何形成的，庞大逼真。恐龙的嘴巴可以一张一合。三角龙一打开感觉它会扑过来。

大开本的《人体》一书打开来，逼真得像一不留神进了医学院的人体解剖室，脑仁可以摸，心房心室里可以用笔游走，深奥的知识被立体的图形一解构，显得简单易懂。这套科普立体书获得了众多国际童书大奖，也成了儿子了解自己身体各器官的好帮手。

立体书用空间为孩子构造氛围，创造了三度立体空间，让孩子边读边玩，快速置身其中，可谓功莫大焉。

面对立体书这股热潮，家长还得有双火眼金睛，甄别优劣

立体书开本大，制作精细，成本高，价格相对昂贵，利润空间也大，众童书出版社趋之若鹜。但出得多了不免良莠不齐，泥沙俱下。有的不管内容是否需要，只是一味为了立体而立体，对展示内容和营造空间立体感并没有太大的帮助。所以，面对立体书这股热潮，家长还得有双火眼金睛，甄别优劣。

2020 年是紫禁城建成 600 周年，也是故宫博物院成立 95 周年。为纪念紫禁城建成 600 年，故宫隆重推荐了一套限量版《打开故宫》3D 立体书，12 开超大尺寸， 3.2 米立体长卷，直接让读者把故宫搬回家。这套书以建筑为线索，通过建筑讲历史、讲文化，埋伏了 78 个互动机关 、93 个历史知识点、26 个趣味历史故事，相当亮眼。《打开故宫》的设计者，是号称“中国立体书第一人”的王伟，他是中央美术学院纸本造型教授、我国著名纸艺造型设计大师，1995 年他设计了中国最早的立体书《十二生肖》，立体图书《动物世界》《再见恐龙》均出自他手。这次《打开故宫》费时三年，精心设计。这套立体书的规模和设计显然不仅仅是面对小读者的，估计很多父母也会被种草，愿意在家和孩子一起随时随地打开故宫，在三米多长的纸上皇宫中逛个够。

逛香港书展的红利：
不知不觉认得了繁体字

深圳紧挨香港，香港的文化活动多，精品不少，深圳得地利之便，可谓邻近“宝山”，我经常带儿子就近去香港“淘宝”：逛科学馆、历史博物馆，看巴塞尔艺术展，最固定的家庭节目是每年暑假必逛的香港书展。

儿子从 4 岁起被带着逛香港书展，一开始只能逛儿童天地的玩具展区，到处拿小礼品，听讲故事，玩拼图小游戏。书展人太多也太嘈杂，像个大集市，甚至比集市都热闹，好多香港的小出版社，就指着香港书展一年一卖而存活，而香港市民也习惯了拖着箱子，到会展中心的香港书展上囤买一年的书。

事过三后

香港书展不只是卖书的，卖拖鞋的都有，碰上周六周日，是真正的人流如织、摩肩接踵，孩子根本不愿意在里面待着。好在香港书展卖玩具的不比卖书的少，我们的应对策略是：先给儿子买个心仪的玩具，两个大人轮班，陪他坐在会展中心临海的窗户前玩玩具，买个蛋糕再买杯饮料，有吃有喝，风景不错，孩子也能坚持到大人逛不动为止。

过一年大一岁，儿子逛书展的时间长了一些，可以当油瓶拖在身边陪逛了，碰到他眼熟的书也愿意动手去翻翻，但还是坚持不了太久。

第三年再逛，时间明显更长了，虽然还会有点不耐烦，但基本上可以与大人同步，有时他刚抱怨完大人看得太久，一转眼，却发现他遇到自己喜欢的书又站定了，就这样能拖一段算一段，基本上是连哄带买。

俗话说得准，事不过三。

过了三后，明显有了蜕变。

2013 年是一个明显分界线，8 岁的儿子出发去香港书展俨然老司机了，自己拣出波鞋换上，他知道香港书展的冷气冻得够呛，特地穿了长裤，T 恤外还带了一件长袖，3 年逛展累积的经验，着装起码是合格了。

到了现场才发现这 3 年熏下来本领渐长，眼光犀利，目标明确，有自己的参观路线和节奏，有点如鱼得水的味道了，最重要的是他淘到战利品后，可以安心坐在外面边看书边等，是很长时间的那种等，我们两个长出一口气，终于可以甩开儿子，尽兴地翻看淘买了。

4年时间，在香港书展，我从儿子的引领者沦为陪客，当真喜上心头。

为什么要去香港书展买书?

很多人去香港买衫买表买包买化妆品，甚至打酱油买米背奶粉，一听到买书，第一反应是：为什么去香港买书？太贵了！的确，与香港的书价比，内地不断上涨的书价仍旧是便宜的。以《不一样的卡梅拉》为例，当当网上10本一套打折后的价格为179.4元，平均下来一本不到18元。但是港版的同一本书，标价48港币，就算是香港书展上100港元3本的优惠价，算下来每本还是要比内地贵。

升斗小民买东西自然要货比三家，贵，为什么还要去香港买？

答案是：并不是全贵，有更便宜的，不过最关键的是可以买到跟内地完全不一样的出品。

香港书展可以称得上是全港的嘉年华，有专门为小朋友开设的儿童天地，活动多，设施全，有讲座，有名人讲故事，有各种展览，有时还有3D电影，让你身临其境。另外香港的图书引进要比内地抢先一步，心急的小朋友可以抢先下手，一睹为快。更重要的是国际性的书展可以带小朋友开开眼界，熏熏书香。

小时候儿子以《寻宝记》为目标，一路不断被各种书绊住，走走停停，我彻底沦为“陪角”。《寻宝记》是韩国小熊工作室出的一套探险漫画系列，儿子最喜欢，这套书在他们班上人气也很旺。儿子每次去深圳书城先直奔这套书的陈列处，看有没有出最新的，着急的时候甚至出馊主意：能不能把作者绑架来，让他赶紧画完？这次逛香港书展，他一口气买到5本《寻宝记》的新作，虽然书价贵得让人咬牙，但是看着儿子满足得直哼哼，认了。

好不容易从香港天地图书出版社的书摊逛出来，娃抬头看到横幅大叫：“《不一样的卡梅拉》出了最新一本啦！”边喊边冲过去。

我一看笑坏了，在国内文学味很浓，也深受小朋友喜欢的《不一样的卡梅拉》在香港被翻译成了搞笑版“傻鸡家族”“傻鸡豆丁”。《我想去看海》《我想有颗星星》《我想有个弟弟》，在香港的书名成了《莎胆鸡看海奇缘》《珍珠鸡摘星梦》《傻鸡添丁》，完全是两种语系两种风格。我一时半会儿有点适应不了，儿子却如逢老友，抢到手里再不肯放下。

对生活在深圳的小朋友来说，接触一点粤语文化，和香港文化碰撞一下，不是坏事，我一直鼓励儿子学说粤语，可他说班上同学都讲普通话。说不了粤语，能看懂粤语书也是好事儿。

港台书和内地（大陆）书最大的差别是简体字和繁体字。

我上大学读的是中文系新闻专业，大一拿到《先秦文学》时才第一次和繁体字正面对接，当时连猜带蒙学的繁体字。儿子现在港台书看多了，不知不觉中连繁体字也读懂了。小六毕业前，他跟我说，他是班里唯二能读繁体字版本的，现在一路下来，读竖排繁体毫无问题，这算是逛香港书展的额外红利。

去香港书展买什么书？

逛香港书展，最值得买的是英文读物和育儿书，学英文其实跟学语文一样，阅读很重要，尤其是要读原汁原味儿的英文书。

深圳书城二楼有专卖英文书的益文书局，价格不菲。中心书城中英双语书也不少，但适合低龄孩子的不多，选择余地不太大。去香港书展淘英文读物正得其时。

很多儿童阅读推广专家建议，不要读缩写本和简写本，要让孩子直接读原著。读英文书也是同样的道理。我瞄着企鹅版的经典下手，都是小册子，很轻。《彼得·潘》《安妮的绿色小屋》《罗宾汉》《爱丽斯漫游仙境》等，这些书都带有插图，没有翻译没有注解，原汁原味，100 港币 3 本，小学二年级的儿子当时还看不懂，没关系，我先囤着，会等到他能读懂的一天。

当然，我也买一些跟孩子当下程度匹配的英文故事书，像《英文奇幻故事》《小淘气英文故事乐园》，中英文双语对照，容易读又有趣的双语漫画书，像“史努比漫画经典系列”这类，赶紧入手。

英文和中文一样，读得多了，水平慢慢就上来了。

除了英文书，我还买一些育儿书。

我买过《才艺强的孩子读书也可以很好》，这是韩国一对父母总结的育儿经验。台北的新闻工作者李梅兰当妈妈后写了一本《孩子一年级》，把刚入小学孩子可能遇到的各种问题和解决方法一一罗列出来，虽然国情有别，但面对的问题都差不多，所以应对方式同样很实用，孩子上一年级时，我不时翻看，一一对照落实，颇有指导性。孩子升三年级前，我买了韩国爸妈写的《创造孩子奇迹的爸爸》和《妈妈应该为小学三年级孩子做的55件事》，当爸妈的，除了掌握育儿的理论外，更需要的是生活中具体的应对方案。

香港书价真的贵吗？

香港书价一本动辄上百港币，与内地书价比当然贵。但要看什么书，10港元8本，10港元10本，就比内地便宜多了。

我逛香港书展最在意的就是淘特价书，遇到又便宜又靓的书，会让你喜出望外，大呼过瘾。

2009 年在小树苗出版公司 10 港元 1 本的特价书架上，淘到几本几乎全新的谢尔·希尔弗斯坦的漫画书，还有我一直喜欢的法国绘本大师桑贝的 3 本绘本，顺手给儿子淘的《奥德赛》没想到成了他的最爱。

2012 年 10 港元淘到一本玄奘的绘本，2013 年居然发现这本书原来是“四大探险家丛书”中的一本，其他的 3 本好端端地待在一起，好像等我带它们回家团聚，没想到淘书两年时间居然可以凑成整套，自己先乐了半天。

儿子喜欢探险，喜欢画画，喜欢埃及，碰到类似的书自然统统拿下。至于价格，贵的 20 港元，便宜的不过 10 港元，这才是逛书展最爽的时候！ 2014 年的新发现是港台版动植物图谱，印刷制作相当精美，价格却相当低廉，恨不得全扛回来。

去年带的箱子小了，今年换了一只大箱子去，没想到给儿子的书买完，箱子就装满了。嗯，下次要带两只更大的箱子去！

认得几个字？

孩子在肚子里时，当爸妈的通常操心是男是女，健不健康。

上幼儿园时，孩子又被分成两类：识字的和不识字的。有的孩子早慧，3 岁上幼儿园时已经能自己看简单的绘本了，有的却懵懂无知，大字不识几个。儿子就属于后者。

儿子上幼儿园之前，读故事背唐诗念儿歌很顺溜，碰到了“人口手，水火电”我也顺便教一下，我们当家长的没有识字目标和要求，更没有制订计划。书是天天读给孩子听的，我天真地以为当妈的天天给孩子读书，读得多了，孩子捎带也就认识字了。

But，现实给了我响亮的一击。

孩子幼儿园升到中班时，幼儿园对老师有考核要求，学期末任意抽取班级内 3 个孩子综合测试，以此来衡量老师的教学水平。这种测试方法对教师而言，就跟买彩票撞大运一样。抽到能力强的孩子，老师就走运；抽到差的，老师就得跟着被差评。

这种考核老师的方法既不科学也不客观，但胳膊拧不过大腿。老师也没招儿，只能尽量提高全班孩子的整体水平。

认字是考核中的重要的一项，每天下午小朋友出去疯玩的时间一到，老师就拿一沓识字卡坐在门口，挨个儿考核，过关的孩子就可以去玩，被卡住的就得留在教室里补认。

别的小朋友在外面开开心心地玩，自己却被留在教室认字，对孩子来说无疑是很严厉的惩罚，儿子因此讨厌上了认字。之前是能力不行，现在态度上开始敌对，不配合，效果更差。

老师急了，找到我，要我“可怜可怜”孩子，在家帮帮他认字。

我到现在都记得看到教师在家长手册上写的“可怜可怜孩子”这几个字给我的震动，就像当年读鲁迅的《狂人日记》，看到“救救孩子”时愣在当地一样。

我们虽是放养型父母，觉得认字是迟早的事情，但想着孩子在玩耍时间不能出去玩，的确太可怜。更要命的是他会被出去玩的孩子笑话，会觉得自己是少数另类。

我心疼孩子，自责之余，赶紧着手。买了识字卡，贴到家里所有对应的物件和器具上，走过路过就提醒他一下，来来回回看熟了，估计也会对应上。

每晚睡前读故事，碰到他学过的字，我就像发现新大陆一样，惊喜地停下来，让他读一读认一认。没想到孩子很抗拒，沉下脸问我：“到底是我读故事还是你读？”我被噎得喘不过气，赶紧收声，专心做好读书这份工，不敢再停下来考少爷。

那段时间，我很紧张，想给孩子补上识字课，陪孩子出门，路上碰到标语车牌甚至小区门口的标牌，见字就问就教，没想到儿子最后连本来认得的“人口手”也懒得认了。

时时刻刻拿认字来考核他，
对他无疑是第二重伤害

现在回想起来，如果老师拿认字卡着不让他出去玩，是第一重伤害，回到家我亡羊补牢般，时时刻刻拿认字来考核他，对他无疑是第二重伤害。

当时意识不到自己错在哪里，但明显知道不对。我赶紧收手，找老师沟通，希望把考核标准降低一半。考核标准是孩子认得卡片上的 10 个字就可以出去玩，能不能先让他认得 5 个字就可以出去玩，标准先降到他够得着的尺度，他觉得可以到达，也许就不会抵触害怕了，有了兴趣慢慢认也不迟。老师觉得也是种办法，慢慢地发现他下午出去玩的时间越来越正常了。

在家里，我像压根儿没有认字的任务一样，不提不教，这样停了一阵子。有一天带孩子坐公交车去书城，儿子突然指着门上的 8 个字念：“上下车门，小心夹手。”我心中狂喜，恨不得大声嚷嚷，你真棒。但怕别人觉得我神经有问题，也怕吓着孩子，只表面不动声色地夸了夸。

识字从此破局，进入慢车道。彼此的敏感期都过了。

自此，路上遇字儿子也会问“这是什么字”了；晚上读故事让他挑书，先认书名，在书房的满架书上挑着认，没有目标也没有规划，全凭兴趣，几十本贝贝熊的故事书拿下。后来他认的字越来越多，但白字错字也不少，笑话百出。

儿子上一年级前，有位朋友问我，你儿子认得多少字了？我摇摇头，真的不知道。看别的小朋友四五岁认几千个字，虽然眼馋，但我相信每个孩子的敏感点和兴趣点都不一样，儿子被认字伤害过，能恢复到不厌恶的程度已经偷笑了。

后来读朱天心记录女儿趣事的《学飞的盟盟》，说女儿盟盟把“下午茶”三个字读作“下牛菜”，是罕见的文盲，但这并不影响盟盟后来考上重点大学。看到这里，我的心就放下大半，要知道盟盟的家世是真正的书香门第，盟盟的外公朱西宁是小说家，外婆刘慕沙是日本文学翻译大家，大姨朱天文和妈妈朱天心都是小说家，爸爸唐诺又是著名的专业读者，这样人家的孩子还念这么多的错别字，我们普通人家的孩子起步认字有这样的成绩早该知足了。

经幼儿园这一折腾，我觉得当妈的还是得放平心态，相信：字，孩子迟早会认得；然后把“认字”从孩子成长的焦虑名单中直接打叉除掉。

如何爱上认字？

说话容易做事难。

小学一上学，识字的门槛再次逼到眼前，前半个学期我和孩子过得还是蛮辛苦。好多生字儿子放在课文里认得，单个挑出来就眼生，好不容易觉得认得，又总是颠三倒四，张冠李戴。后来想因为他识字的路径是从阅读开始的，很少和生字单兵对阵，所以好多字结伴在一起认得，分开就陌生。问题是小学一年级期末语文考试，要考课文里学过的500个生字，要打乱顺序认，这下子我们抓了狂。

从来看不上的识字卡片，这次派上了用场，但没法买，得自制。我先把500个字做成卡片，每天晚上抽时间挨个过。会的放一边，不会的重点标记，一遍不行，两遍，两遍过了又忘了，再过。虽然方法生硬，但只能硬碰硬，实在没有办法记住的生字，就试着画个图提醒，用图像的方法帮助记忆。最后总算磕碰得不错，生字考试只错了4个字，扣掉1分，得了99分。经此一考，这下，我终于知道自家娃认得多少字了，也清楚地知道了自家娃和认字牛娃之间的差距。

看到成绩，鼓励认可孩子的同时，心里并不轻松，这是应对考试的急救章，如何让孩子打心眼里爱上认字？还得从兴趣开始。

翻书柜首先搬出来瑞典作者林西莉的《汉字王国——讲述

中国人和他们的汉字的故事》，这本书我给很多妈妈推荐过，我觉得孩子识字初，这真是一本非常好的入门书。

打开《汉字王国——讲述中国人和他们的汉字的故事》，儿子发现里面的字他大多数都认识，信心大涨（说明书的难易程度和儿子的水平正好匹配）。他感叹，原来字跟画一样：像“鹿”字最早的甲骨文根本就是画了一头鹿，还有“风雨雷电，车马牛羊”，把看到的画出来就是字，这些像画儿一样的甲骨文把儿子迷住了。

然后见证奇迹的时刻到了，一个识字不多的孩子居然爱上了甲骨文。

他跟我要了一个白芯的本子，专门“画”甲骨文。我赶紧敞开供应：流沙河的《文字侦探——一百个汉字的文化谜底》《流沙河认字》和手稿本的《白鱼解字》，一本接一本往他跟前堆，小学一年级暑假晚上的睡前故事改成了一天读一篇《白鱼解字》，原来只是躺着听书的儿子，现在边听边记边画甲骨文，劲头很高。

日子久了，儿子积攒了一些常识：跟肉有关的肯定是“月”字旁，胳膊腿脚脸；跟财宝有关的一般是贝字旁，因为古代曾用贝壳当作货币；和水有关的“江河湖海”当然是三点水；和土有关的“墙城地场”；至于家里的事情当然都是宝盖头了；和玉有关的偏旁是王，琼瑶是美玉；至于班级的“班”是用“刀”

把“玉”分开，“班”也是分班上课的意思。基本常识有了，认起字来就方便多了。

“砍”字为什么用石字旁呢？

有一次语文公开课老师提问。

他举手回答，因为古人用石头做工具。答对！

有一次儿子问我，取东西用手，“又”是手的意思，可是跟耳朵有什么关系呢？我被问住了，赶紧翻书去查，才发现古代狩猎，最早统计数量，就是用割掉所获野兽左耳的方法来计量，到后来演变到战场上取俘虏的左耳计数。这个来历虽然有点残酷，但儿子一下就记住了。“取”跟耳朵有关，估计以后听写再不会出错了。

画甲骨文，最有趣的是“本”和“末”两个字，一棵树为“木”，在下面根部加一横就变成了“本”，在上面树梢加一横就是“末”。如果画错了正好是一个成语“本末倒置”。

这一次，连字带成语一锅端清。

儿子有个好朋友叫高娃，可他写“高”字却死活写不对，他老爸便编了个顺口溜：

一点一横长，

口字写中央。

盖个大房子，

里面摆张床。

边写边念边教，果然一次搞掂。

其实这些都是小学功夫，叫“训诂”，主要是讲文字的来源和演变，清代学者在这方面下了不少功夫。

我买了很多这方面的书，一来是自己感兴趣，二来也想让孩子真的爱上方块字，了解一横一竖一点一捺的来源与演变，由此爱上博大精深的中国文化。

台湾作家张大春出版了一本书，书名就叫《认得几个字》，大陆作家阿城在简体版《认得几个字》的序中提醒说：中文字只将它视为工具，是大错误，其实它是丰富的资源。

认得几千个字对母语是汉语的孩子来说，真的不是难事，但真正识得这个字的字源、字义和从甲骨文到金文一路以来的演变，对孩子来说，才算和这个字交上朋友结成死党，这交情可以长达一辈子。

做父母的，现学现卖还来得及。

附：有关字的书 >>

《汉字王国——讲述中国人和他们的汉字的故事》

［瑞典］林西莉 著

这是一本通俗的汉字入门书，适合幼儿园和小学低年级小朋友。

《认得几个字》

张大春 著

张大春的这本书不是单纯讲字义，而是把自己教一对子女的心得写在里面，通俗有趣，适合亲子共读。

《文字的故事》

唐诺 著

可以当作《认得几个字》的升级版，合适大人看，也合适大人看后拣有趣的故事和例子讲给小朋友听。

《白鱼解字》

流沙河 著

流沙河出了不少解字书，从《文字侦探——一百个汉字的文化谜底》到《流沙河认字》。我推荐《白鱼解字》的理由是，这是一本手稿本，是老人花了两年半的时间用毛笔小楷一笔一画写在方块格子内的一本字文兼美的书，错讹最少，有修改的痕迹。儿子第一次打开这本书惊呼，原来错了可以勾勾画画，这样还可以出书。因为小学生的作业错了要用橡皮擦掉重写，必须工工整整，不能乱涂乱改的。

《章太炎说文解字授课笔记》

章太炎当年开堂授课，座下名徒云集，钱玄同，鲁迅、周作人兄弟，还有朱希祖，中华书局出版有 16 开影印本。有一定的专业难度，非文字爱好者莫轻易下手。

阅读也别急着给孩子贴标签！

“妈妈，快点来一下！”

我正在厨房做饭，听见儿子在他的房间十万火急地喊，以为出什么事儿了，赶紧关了正在炒菜的火，冲到他房间，只见他悠闲地坐在阅读椅上，手里捧着书翻到最后一页问：这是怎么回事？

我凑上去一看，上面是我写的一行字：“2012 年 11 月 22 日到书，儿子一眼未看，失败之书？”

他一脸奇怪又佯怒的表情望着我问：“妈妈？”

我心虚了一下，解释：“这是我当初随手记录你的读书状态。”

“失败了吗？”他不依不饶。

“你没见后面打了个问号吗？你不记得一开始你就是一眼

没看啊！”

说完我赶紧逃进厨房，心里琢磨这还没让他看见“失败之书”名单呢！

2014年4月，时任《新快报》编辑的陈思呈做了一个亲子阅读专题，让我列出儿子不喜欢的10本“失败之书”，没想到“黑名单”刚列完，情况就起了变化：先是备受冷落的汉声版《中国童话》路转粉，成了儿子晚睡和午睡前必讲之书；接下来是名单中的法布尔《昆虫记》也反黑翻红，成了儿子的最爱，饭桌上他会跟你聊——红蚂蚁从来不工作，它们捉来黑蚂蚁的蛹，黑蚂蚁一出生就得当红蚂蚁的奴隶。

只“读”还不算，他还要“演”——睡觉的时候，儿子拿两个大靠垫搭成“人”字形钻进去，说自己是蝎子宝宝；要不就干脆拿被子把自己从头到脚裹得严严实实，说他是一只正在等待破茧的小虫，让我喊一声“幼虫”，他就会破茧而出。

他还认真跟我探讨，法布尔到底是如何观察到这些景象的。法布尔的这套《昆虫记》被他翻了又翻，放学一进门捧着看，吃饭放在旁边的椅子上偷着看，睡前又拎到床上继续看。

我老怀安慰的同时，红着脸开始自我反省：教育专家一直提醒家长和老师，不要轻易给孩子贴标签，看来不仅在生活中和学习上如此，在阅读上也是贴不得的。

我一直记得曾任卡内基训练大中华地区负责人的黑幼龙，

在他的《慢养，给孩子一个好性格》一书中提醒：“孩子是慢慢养大的。‘慢养’并不是放任，而是让他们自由决定、自我负责。”

由此反思：阅读又何尝不是同样的道理？

读书的宽严之道

我经常被别的妈妈问，该给孩子看什么书？

我真的答不出，因为千人千面，每个孩子的兴趣、爱好不同，阅读水平高低不一，出发点自然也不一。

但我可以分享“不该给孩子看什么书”。

一些从电子游戏演变来的书，我是绝对不让进门的，比如《植物与僵尸》《摩尔庄园》《小鸟大冒险》。玩游戏可以，看书就没必要了。明明有精美的绘本和经典的童书，有宝山不去挖，却眼睁睁让孩子吃简陋少营养的方便面，实在太可惜。

对缺乏判断力的孩子来说，家长担负着选书的重任，也是阅读的第一道门槛，一定要严阵以待，虽然进家门上孩子书架的，未必部部是经典，但一定是有益于孩子身心健康的，益智有趣的书才有准入资格。

有时我满怀期待买来经典书或有营养的好书，孩子一眼不看，或者看两眼丢开，根本不感兴趣的话，又怎么办？

一个字：等。

黑幼龙说过，慢养会给孩子带来好性格。慢慢地等，给孩子一个自由宽松的阅读环境，你只负责把关挑好的书，至于孩子看什么书或者什么时候看，那要等到他和书的缘分到了，这就是读书的宽。给孩子储备一定数量的图书，在这个范围内任由他自己安排挑选，不限制，不规定，让他充分享受自己做主的快乐。

其实人和书之间就像人和人之间，有的一见如故，相见恨晚，引为知己。像《小屁孩日记》，老师布置买了一套10本，儿子看了又看，在书店发现又新出了两本，赶紧收回家中，这套书也不知道他看了多少遍。有一次，老师布置手工做一本书。儿子就搬出这套书来连抄带编画了好几页四格漫画，订起来当作业，自己把自己逗得咯咯直乐。署名也模仿作者的名字，给自己起了个洋名。

有的书要不断发酵诱惑，精心设计，引娃上钩。像那套《蔡志忠中国古籍经典漫画》，是一小箱，买回来打开给娃看，娃翻了翻，不感兴趣，放下了，那套书包装完好被打入冷宫，放在书架的最下一层最后一格。

过一段时间我不甘心，觉得问题出在包装上，干脆把盒子拿走，把书上升一格排在中间显著位置。娃发现架上多了新面孔，拿起一本翻了翻，不感兴趣，继续放下。

是好东西啊，怎么让娃看上呢？我把皮球踢给孩子爸爸。

他爸从里面挑了一本《六朝怪谈》，讲的都是鬼狐仙怪传奇，是儿子最着迷的东西。读了两页老公就收手，说熄灯时间到了，该睡了。小朋友刚刚吊起来的胃口哪肯罢休？接过书自己迫不及待挑灯夜读。

接下来《六朝怪谈》就成了儿子的新宠，走哪里带哪里，再过两天发现居然翻开蔡志忠的《世说新语》了。又过了两天早餐桌上娃开始跟我们讲“一日不做，一日不食”。我们两个大人相视一笑，知道娃看过漫画版的《六祖坛经》了。六祖悟道的光孝寺我们去过，有六祖真身的南华寺我们也去过，赶紧拉瓜扯蔓，从书中拉扯到现实中，帮他在书和现实中画个关联号。

再过两天，娃又有重大发现，宣布说，古代有学问的人名字中都有个“子”，像孔子、老子、庄子。而他的名字中也有个“子”。嗯，倒是长了个心眼，开始琢磨问题了，但是“子”并不是人家的名字，而是古代对有学问的人的尊称，我赶紧纠正谬误，鼓励他有朝一日也做个有学问的“子”。

因为提前有选书的规划垫底，就大可以放宽心，允许孩子在读书的过程中挑肥拣瘦，喜新厌旧，这些表面看似不作为、放手的做法，正是调动孩子自主爱上阅读的一个小窍门。

阅读还要少些功利心

阅读的重要性，家长基本都意识到了，但却从以前的不重视转变为现在的功利心过重：你不是看了那么多书吗，怎么作文成绩还是这么低？又或者责令孩子，看完书把读后感写一遍，这本书讲什么意思，你从中学到了什么？

如果要求家长把给孩子吃的每一道菜每一顿饭产生的营养对应标出来，也许家长会骂“神经病”，又不是营养学家，孩子吃东西尽量杂一点、全面一点，就不用担心营养不够。阅读也是同样的道理，你不能指望孩子看了一本书或者几本书，马上就要长出什么本领，或舌灿莲花，或下笔有神。

其实阅读也要允许孩子自己摸索，跌跌撞撞，看书杂一点，非经典的流行畅销都可以，只要孩子有兴趣的，都不妨让他开卷去读。看多了，慢慢就有了比较和鉴别能力，对书的判断和鉴赏能力就都提高了。至于写，多读多练多写才会慢慢有积累，有心得，有长进，同样急不得。

最恐怖的就是那种以自己的阅读口味和兴趣为孩子划定阅读书目的家长。

其实阅读也好，成长也罢，家长最容易犯的错一是生怕孩子重蹈覆辙，二是认为自己走不通的路孩子也走不通。他们试图以自己的生命体验代替孩子的生命冒险。这样一来，家长不是盘旋在孩子头顶严密监视的“直升机父母”，就是事事走在孩子前面，替孩子逢山开路，遇河搭桥，包办一切的“割草机父母”。

一个本来可以爱上阅读的孩子，在父母的严密监控和引导下很有可能开始讨厌阅读

两者虽行为不一，后果却一样：孩子的自主性被剥夺，变得没有主张，缺乏独立处事能力。阅读如此，学习亦如此。

一个本来可以爱上阅读的孩子，在父母的严密监控和引导下很有可能开始讨厌阅读。

凤凰卫视主持人梁文道认为青少年应该通过阅读，更早地了解一些生命中要面对的挫折，要面对的平凡人生，也许对他们更有好处。他提醒说："完美的阅读道路不能造就完美的年轻人。"

现在各种各样的阅读书单借助欧美的阅读分级制，开始分年龄、分层次，很受家长欢迎，有的家长搜索各种书单照单买书，很想为孩子定制一份完美的阅读清单，但别忘了，完美的阅读和完美的未来之间没有谁敢画上等号。

放下功利心，让孩子爱上书籍、爱上阅读其实并不难。

一本书读多少遍才算够

儿子小时候每周五晚，上完美术课后，通常要到深圳中心书城负一楼儿童区席地而坐，尽兴看书，一直看到大卖场关门的广播响起，才恋恋不舍地踩着音乐节奏出门，但这只意味着这一晚看书活动的第一幕结束。出了大卖场后，他会直奔通宵营业的 24 小时书店，那时候“24 小时书店”在尚书吧的隔壁，还没有搬到楼上。

当时深圳中心书城 24 小时书店是全国首家 24 小时营业的书店，里面基本没什么小孩书。但是儿子要的并不多，一本就够了，勾住他的是那本大开本的《父与子》精装本，每次去 24 小时书店他都要找出这本书，从头到尾，一页不落翻完，才肯回家。

有时候明明看到他趴在书上，眼皮打架，困到不行，但只要一提醒，娃就会一激灵，非得坚持翻到最后一页才罢手。在我看来，娃不只是在看书，更像是要完成一种翻阅仪式，一定要有头有尾。这样的翻书仪式坚持了有大半年，直到他 5 岁生日的那天，他爸把这本带有他体温和 N 次阅读记忆的有点翻旧的大书，当作生日礼物给他买回家，才算为这个仪式画上了个圆满的句号。

前几天收拾书架，翻出他幼儿园发的绘本，我觉得这种书现在他会觉得太幼稚，可以淘汰送人了。没想到，娃惊喜地一声欢呼，扑上来翻了又翻，还兴奋地讲来讲去，好像碰到了老熟人一样不肯撒手。我只好打消送人的念头，再次收拾上架。

书就像孩子储藏的宝藏一样，每次阅读都会有不同的体验，不同年龄段的阅读也会有不同的领悟

这就是给孩子买书藏书的最重要的一条理由，因为书不是看过一遍就算了事，而是需要反复读。某种程度上，书就像孩子储藏的宝藏一样，每次阅读都会有不同的体验，不同年龄段的阅读也会有不同的领悟。

拿我们在不同年龄段读《红楼梦》的经验对照一下，就会明白这个道理。我跟许多妈妈交流过，发现每个孩子都有重复读过很多次的书，原因千差万别，有的甚至说不清道不明。

翻看一些育儿书和专家的理论得知：婴儿时期，孩子一直在重复同样的动作是要加深大脑皮层的沟回。沟回，就是大脑皮层上那些大大小小的褶皱，主管高级神经活动。幼儿时期，孩子不停地翻看或者要求讲一本书，可能是因为这本书里的某个画面和情节正好满足了他内心某种情感需求。

有的家长不让孩子读旧书，或者不明白为什么孩子总看以前读过的书，不肯翻新书；有的家长喜欢让孩子借书，不肯给孩子买书存书；还有的家长总追求阅读的数量，希望孩子多看新书，不满意孩子来来回回总看几本旧书……其实，这都是家长对阅读的认知误区导致的行为偏差。

成人世界觉得“没意思”的重复阅读，对孩子来说其实“意义重大”

因为孩子需要在反复阅读中领悟和体会，需求也好，好奇也罢，弥补也行。成人世界觉得“没意思”的重复阅读，对孩子来说其实“意义重大”。

别人原来也这样：从青蛙弗洛格到贝贝熊

儿子小时候最熟悉的好朋友应该是青蛙弗洛格，由荷兰最伟大的儿童图画书创作人马克斯·维尔修思连画带写的这套《青蛙弗洛格的成长故事》，想必是很多孩子的最爱。

儿子小时候曾独自藏在窗帘后面嘟囔：“我很丑，没有人喜欢我。”姥爷听了大惊，找我谈话，让我好生安慰孩子。我明明知道他在模仿《丑小鸭》里的情节，但还是郑重其事地打开《难过的弗洛格》，给他讲谁都会有不开心的时候，没有原因，情绪低落，你可以难过一会儿，但要想办法尽快让自己开心起来。

《特别的日子》是朋友们在弗洛格的生日给他搞的一个惊喜。读完这本书后，彩旗、鲜花、冰激凌蛋糕和柠檬汁就成了儿子认定的生日 party 的标配。弗洛格的恐惧、旅行，弗洛格和陌生人打交道的经验，弗洛格的挖宝藏、当英雄、学会享受冬天，还有肯定自我，都成了儿子认知世界的一个窗口。

最重要的是，儿子通过弗洛格找到了同伴，找到了类似的行为。知道原来大家都这样，孩子就会坦然又安然，可以继续前行了。

这套弗洛格的童书，我被儿子要求反复讲，那么简单的故事，来来回回不停地讲，讲到我都要想吐。后来又改为晚上睡前编故事。一开始我编，后来娃接着编，主角永远是弗洛格和我们一家——弗洛格跟着我们坐火车去杭州旅游，又跟着我们爬莲花山、玩大梅沙。弗洛格被我们编进自己的生活中，成了儿子的隐形朋友。有时候，儿子白天的行为不太好，第二天我就会讲一个弗洛格托梦的故事来规劝，效果不错。

《贝贝熊系列丛书》在儿子的阅读历程中也是一套很长命的书。这书是一套套买回来的，先是我一本本一遍遍讲。儿子成长过程中遇到的问题，几乎都可以从这套书中找到对应的情境。

慢慢地，小熊哥哥和妹妹也成了儿子成长中的好朋友。不过儿子都是找有利的证据为自己撑腰：小熊哥哥和妹妹为什么放学了可以边看电视边吃水果？我也要！

“他们只不过偶尔一次。”我推托。

“我也要偶尔。”儿子坚持。

好吧！你既然想让儿子通过小熊兄妹学会原则和规矩，同时也得接纳孩子学会的花招和狡辩。至今，他都动不动就以“偶尔”来争取豁免权。

偶尔吃个垃圾食品，偶尔看个电视，偶尔赖个床。

那时候，儿子看到书中的小熊妈妈开了一个棉被店，很羡慕，也想让我开个店。就跟他同学中开服装店的妈妈宣布：我妈妈要开个棉被店了。那个妈妈听了很好奇，见了我赶紧打听，问我开棉被店能赚钱吗。弄清楚事情的原委后，两个妈妈笑了一通，结果这就成了我们家的一个笑话。

直到小学高年级，儿子会因为想起一个情节，或者一个故事，就抱一摞《贝贝熊》出来自己翻看，我知道他正在和他的老朋友们亲密约会呢，便轻手轻脚走开，不去打扰。

打量世界的一扇窗：《丁丁历险记》

有人提醒生了儿子的妈妈说，你想让孩子走得更远，眼界更宽吗？在他的床头挂一幅世界地图吧！

我挂了两幅，一幅中国地图，一幅世界地图，两图并列。指向和意图均很明显：先走遍中国，再走向世界。

《丁丁历险记》是亲子阅读中的一部标志性的图书。对我而言，它意味着陪读终于从低幼版故事进阶到复杂版，故事的情节经历也有一定的趣味性，耐受程度提高了。难度在于这套书画多字多，一页有10张左右的小图，还配了不少的文字，讲得很费劲。

于是每天的睡前故事就演变成了一场母子博弈：

“20页。”儿子要求。

“10页。”我还价。

“15页。”儿子退一步。

“好吧。”我见好就收。

可往往15页到了，儿子却不肯罢休：“妈妈，再讲一页，求求你。”要命的是故事正在高潮部分，你也放不下，或者觉得这时候放下有点残忍，于是又来一页。

又一页讲完，儿子继续上演求讲的戏码：“妈妈，求求你，再来一页。”这样的拉锯战无数次让我讲得“嗓子冒烟”。

最要命的，是一本书不是讲一次，而是要一次又一次地讲。

这套书最大的收获是把挂在儿子床头的世界地图，一截截裁下来，装到故事书里展开来，从非洲到美洲再到中国20世纪初的西藏和上海，从热带丛林到古墓再到月球，从盗窃绑架再到寻宝……世界的复杂多样让这个刚刚睁开眼睛打量周遭的孩子像迷失了一样，一跤跌进去，再也不愿意出来。

不过，总有意外发生，他最先学会的是阿道克船长那一串骂人的脏话，喜欢上的也是杜邦和杜庞这对活宝侦探。

等到儿子终于能自主读书了，我和他爸——他的睡前故事读讲人——被毫不留情地辞退了。

惯性使然，每晚临睡前，两人贱嗖嗖地各自拎一本书候在床头等待少爷钦点，儿子左瞧瞧右看看，摇摇头，自己从架上抽一本开读，连个竞争上岗的机会都不给。

青蛙弗洛格和丁丁后来一直是儿子的最爱，动不动就搬出一摞复习一下。他的书架上新宠也不少，小屁孩儿和高木直子几乎享受同等贵宾待遇。偶尔他会指着一个不认识的字或者不懂意思的词问你一下，如果你不见好就收，试着想介入更多，人家会做出一个“请勿打扰”的手势，要求私人阅读空间。

你得识趣地关上他的房门退出，有点满足又有点伤感。满足的是，他开始独自在阅读的世界里闯荡，和他听熟的故事做一次文字的邂逅；伤感的是，他的阅读世界对你关闭了，他开始拒绝你的进入和参与。

有时候不免揣测，那些他以前只听过的字词，现在变成了可以认出的老朋友，会是怎样的一种感觉？会有“原来如此”的惊喜，还是会发出一声“哟！原来你在这里！”的感叹。

我克制住自己的好奇和追问，更管住自己的脚步和嘴巴，得体地退出，把自由阅读的天地交给儿子。

一本书你可以随便读多少遍，你的阅读你做主。

有一种阅读叫“读报纸、读新闻、读当下”

很多人看到这个题目会不屑：这年头谁还看报纸？家庭订报的越来越少了，甚至很多单位都减少订报种类和数量了。手机作为主要的资讯端，各类资讯蜂拥而至，虽然各家报社争先入驻，开发各种APP，但通过手机看报纸的人为数不多——看看你订阅的公众号有多久没打开过了。

我们生活在一个资讯过剩的时代，认真反思一下，手机一天到晚收到过多少有益信息？这些信息对我们的知识结构、三观、思想体系、认知方式，乃至生活习惯有多大的改善或助益？

网络带来的信息爆炸，反而让我们生活在真相相对缺失的环境中。因为人人都可以发言，所谓的客观中立和第三方立场，往往被更有煽动性却真假难辨的第一人称讲述所掩盖。

20世纪波普艺术的倡导者和领袖人物安迪·沃霍尔曾说过：

“未来，每个人都有机会成名 15 分钟。”网络时代，层出不穷的网红印证了这个说法的先见之明，只不过有的网红出名的时间还不到 15 分钟。

我的一位邻居曾打电话来要给她上小学的儿子订一份报纸，她觉得报纸上内容丰富，结构完整，从国内新闻到国际新闻，深圳本土的政治经济文化生活娱乐，事事都会涉及，还有副刊版的阅读内容，对孩子来说，都是课外有益的补充。我觉得她真是一位有远见的家长。

因为在报社工作的便利，我们家最多的时候一天有三份报纸进门，但每周四《南方周末》上街的日子我都会买一份回来，儿子当初惦记《南方都市报》的漫画专栏，所以每次出街同样会买，买来看了还不行，还会把漫画版剪下来，夹在一起，挂起来，儿子会不时重温，自己乐半天。

为什么要让孩子读新闻?

中国著名的报人徐铸成说过：“历史是昨天的新闻，新闻是明天的历史。”徐铸成曾任《大公报》总编辑，《文汇报》总主笔。

1912 年 4 月 15 日凌晨 2 时 20 分左右，“泰坦尼克”号船体断裂成两截后沉入大西洋 3700 米深处。2224 名船员及乘客中，1517 人丧生，成为和平时期死伤人数最为惨重的一次海难。1912 年 6 月由商务印书馆出版的《共和国教科书·新国文》的高小部分第一册，收录了《铁达尼邮船遇险记》（“铁达尼”是当时的译法），分第十五课和第十六课两课，介绍了泰坦尼克号的规模、行程，包括沉船过程的细节描述，有 600 多字。

很多人看到这样的课文，联想到新闻事件与课本的间隔距离不到两个月，不免大为叹服。

在课本里读到新闻事件应该是最理想的一种选择。

如果读不到的话怎么办？

读报纸。想想看，资讯来源可靠安全，性价比高，不伤眼睛，内容健康的资讯载体，对孩子来说，报纸当仁不让。

报纸包含世界大事、国家大事、城市大事，囊括政治、经济、军事、财经、体育、文化、旅游等，几乎是信息大全。

除了课本知识，他们更需要了解我们生活的这个世界、国家、城市，以及……

对中小学生来说，课本只是一个药引子，一条线，孩子们必须按着这条线上下求索，拓宽拓深，而绝不是学习的全部。除了课本知识，他们更需要了解我们生活的这个世界、国家、城市，以及未来的规划、眼下的困境、需要的帮助、新出台的政策……各种信息需求可以说报纸基本能一网打尽，跟我们日常生活息息相关。

了解一个城市，除了用眼睛看，用脚丈量，更重要的是参与到这个城市的各项活动中来，了解城市新增的设施、新推出的政策、新启动的公共场所、新提供的各种福利。

与朋友圈的心灵鸡汤和各种八卦相比，报纸的内容也许枯燥，但它胜在营养架构完整，材料搭配齐全。

现在的社交媒体都是讨好型，你喜欢的会加倍，你不关注的永远不会接触到。微博、微信朋友圈、今日头条，再加上微信公众号，个人关注的永远是自己感兴趣的，只是一个窄面儿，好多微信公众号背后是一个团队在操作，为了博眼球和点击量，有的甚至不惜编造假新闻，再加上各种炒作，所提供的只是一家之言、一管之见。很多刚出炉的新闻，还未经证实就被反转，然后再反转。建立在不明真相事件上的评论和观点更成了无本之木、无源之水。

现在的家长特别注重孩子的社会实践，特别希望孩子学到的东西有用，和社会关联度增强。从这个角度衡量，报纸上新鲜的知识和信息可以打开他的视野，增加他的见闻。现在不少纸媒在手机上开发 APP，但在手机上刷剧、聊天、玩游戏远比在手机上读报更吸引人，别说孩子难以抵御，很多家长都容易沦陷。通过手机看新闻的完成度和通过报纸看新闻比起来，后者的现实性和操作性显然更强。

报纸的语言比网络语言要纯正健康

网络语言相对简单，说实话现在网上很多人几乎不用打字说话，用各种层出不穷的表情包就足以应对各种交流，还有趣生动。网络语言以“语不惊人死不休”的姿态横空出世，以挑动读者的神经为目的，语言的纯洁性、丰富性和美好不是它承担的责任，有时反而是它要挣脱的绳索，特意反其道而行之。

对尚在学习语言的孩子来说，两下相较，报纸上的语言虽然有时有点八股，但比起暴力粗糙的网络语言来，还是中正健康有益得多。

从新闻事件中引发的讨论话题

2012 年，莫言获诺贝尔文学奖后，《南方周末》刊登了莫言的获奖感言。莫言在这篇感言中回顾了很多有关他已过世母亲的故事。其中一则故事说——

莫言小时候跟母亲去集体的地里捡剩下的麦穗，看守麦田的人突然来了，捡麦穗的人纷纷逃了，他母亲是小脚，跑不快，被捉住；身材高大的看守人打了她一个耳光，她摇晃着身体跌倒在地；看守人没收了他们母子捡到的麦穗，吹着口哨扬长而去；他母亲嘴角流血，坐在地上，她脸上绝望的神情让莫言终生难忘；多年之后，成年的莫言在集市上看到了当年那个看守麦田的人，他已是满头华发，莫言想冲上去找他报仇时，母亲拉住他，平静地说："儿子，那个打我的人，与这个老人，并不是一个人。"

另一则故事是讲——

中秋节他们家难得包了一顿饺子，每人只有一碗；正吃饺子时有一个老人来乞讨，莫言端起半碗红薯干给他；没想到这个乞讨的人却愤愤不平地说："我是一个老人，你们吃饺子，却让我吃红薯干，你们的心是怎么长的？"莫言气急败坏地说："我们一年也吃不了几次饺子，一人一小碗，连半饱都吃不了，给你红薯干就不错了，你要就要，不要就滚！"但母亲训斥了他，然后端起她那半碗饺子，倒进老人碗里。

看完第二个故事，儿子的第一反应是站莫言的，觉得乞丐没道理，越界了，没分寸。但细一想又觉得这个乞丐不一般，讨饭讨得理直气壮，有气魄。当然，他的成功最终还是靠着莫言母亲的大气和怜贫惜老才成就的。

儿子的第二点感触是：第一则故事里的多年之后，莫言母子在集市上遇到当年那个施暴的守田人，小脚母亲拉住了想上去报复的莫言，跟他说“那人”已非“此人”。

我也跟他分享了我的感触：“时间让强弱易了位。”

小脚的莫言妈妈就像洞悉世情的哲人一样，知道该如何放下，不能冤冤相报。她能把自己的饺子倒给质问她的老乞丐，也能在儿子准备向已老去的仇人挥拳时及时制止。前者是“舍得”，后者则是“收手”。这都是把自己放置一旁后才能萌生出的念头。

莫言是讲故事高手，阿城说他听过最好的鬼故事就是莫言讲的。

因为获得诺贝尔文学奖的新闻事件，莫言从记忆深处挖出两段有趣往事，讲他妈妈教他的为人处世之道，我们读来也受益良多。

育儿的过程其实就是一个不断纠偏的过程，有时候觉得自己被功利的教育思潮裹挟得有点迷失，就会停下来，退后一步想：“孩子上学是为什么？我们到底想要孩子成为什么样的人？”

不管是学校学习，还是课外阅读，让孩子看新闻、掌握当下，到头来都是要让孩子获得独立思考和处理问题的能力。

其实，从莫言的故事中可以看出，孩子对这个世界的态度往往取决于父母对这个世界的态度。现在网络、书本上流行理智型家长、严格型家长、慈爱型家长，抑或是这三种的结合型家长，其实，许多人只是在不断地强化我们所认同的教育方式的同时，默默地否认和排挤我们不认同的教育方式。

2012 年从报纸上读过的故事，现在问儿子，他仍然记得很清楚，细节都历历在目。他说自己从一开始对乞丐的厌、对看守人的恨，再到对莫言母亲的理解，让他真正体会到了人性的复杂和教育的多样。

让孩子从小学会关注当下

前一段在一个艺术群里，大家探讨了一个话题——为什么学院派的教授，不关注或不认识已经有一定影响力的非学院派艺术家?

这个问题并不是艺术学院的特例。我曾经采访过一位名校的中文系教授，问他们讲文学评论是就课本讲课本，还是会分析当下活跃的作家。教授摇头说：我们只讲述写进文学史里的作家，当下的作家跟我们关系不大。

大学教育其实就是小学和初高中基础教育的反光镜。

大学教育缺失的，在中小学教育中同样是缺口。

大学里学是学，用是用，理论是理论，现实是现实。突破象牙塔的困境一直是有志学者努力的方向。中小学教育亦是。

胳膊一时半会儿拧不过大腿，不妨自己拓展一下，带领孩子，在学校和课本以外，把另一只眼睛投射到报纸新闻和当下，尝试把书本上学到的本领用到生活中，让孩子学会思考分析应对。

今年疫情全家在家，各种争议迭出，从作家方方到中药，从中美关系到全球的疫情应对，孩子习惯从理论出发，且多持批判态度，我则使劲把他拉到地下，各个击破，比如说中药，当时我正在煎服，所以说反对中药说服不了我，况且前不久我父母重感冒，都是中药治好的。反对可以，但你得讲出道理，摆出事例。

我跟儿子说，不管是看书还是听人讲道理，但凡说哪个名人如何讲，哪本书上怎么说的，你都先打个问号，如果听到说，我爸我妈，我二舅我三叔之类的，倒不妨留心。事非经过不知难，现在信口开河、以讹传讹的东西太多了，东抄西抄的，反倒是从实际生活中得来的经验值得好好听听。

3

PART

有一种精读叫
细嚼慢咽

这一章是一本本书具体读来的内容和感受。这些书，有的是儿子班级老师当时布置的共读书目，有的是家庭陪读的内容。现在后悔的是当初陪儿子读了不少书，但是认真用解剖刀来解剖的麻雀就这几只，记录下来的还是太少了。如果上天再给我一次机会，我会更勤快地把读过的那些书更多地记录下来。

说实话，我一开始对儿童作品有点看不上眼，觉得不过是儿子的读物，但陪着孩子读下来，却读得兴致盎然。再拿解剖刀一切，几乎要汗颜了。孩子们抱怨的家长的毛病我几乎一样不落，人家的优点我却望尘莫及。

陪儿子细嚼慢咽的每一本书，自己先狠狠地被教育了一把。

原来，我们读过的每一本书，都像脚下走过的一个台阶，能让下一步走得更扎实更稳健。

《女巫》：爱他，不管他变成什么样子

要让看绘本和漫画书起步的孩子，爱上看字书，我的方法是“诱娃上钩”：让孩子选有趣的书，先读给他听。

罗尔德·达尔被称为“世界奇幻文学大师”，曾写过“007系列”，不过更有名的是他给孩子写了太多奇思妙想的故事，《查理和巧克力工厂》儿子听了书又看电影。

儿子很小的时候，听的第一本完整的故事书就是罗尔德·达尔写的《了不起的狐狸爸爸》。虽然我担心那么小的孩子，不会有耐心听这么复杂这么长的故事，但是我实在读腻了太低幼的绘本故事，一心想着开发新领域，带着儿子前进一步，同时减少我阅读低幼故事的痛苦，增加陪读的乐趣。没想到儿子非常喜欢这个故事，听了又听。2009年导演韦斯·安德森拍了同名动画片，改得够呛。我们看到时，儿子已经是初中生了。

儿子从2岁起跟我进电影院，慢慢被熏成了一个小影迷。不过，我们两个都是文本派，认为有的电影真的无法get到小说的精髓，还是宁可多读小说。尤其是这部《了不起的狐狸爸爸》，我和儿子都认为：绝对是罗尔德的文字更加动人。

说远了，还回到主题，当时读完《了不起的狐狸爸爸》后，我让他从罗尔德的系列书中挑一本来读，他挑了《女巫》，跟我心里猜的一模一样。

第二天早餐桌上，儿子说，他没忍住，晚上睡前就把这本书翻完了，我吓了一跳，要知道有200多页呢！以前一直觉得孩子看书的速度有点慢，这下好了，碰上自己感兴趣的故事，速度也上来了。

按说这是一个悲惨的故事，一个男孩子刚过了7岁的生日，父母车祸双亡，只能跟姥姥生活在一起，还不幸被女巫变成一只老鼠，老鼠的寿命只有3年，与人的寿命相比短到转瞬即逝。

一般作家写这样的主题难免涕泪涟涟，可是罗尔德·达尔才不管那一套，再糟糕的事情都让他写得兴致勃勃。

爱孩子，你是爱孩子的什么？外表变了，样貌变了，你的爱会随之改变吗？

这真是一个不好回答的难题。

了不起的姥姥

《女巫》里的姥姥很会讲故事，尤其会讲女巫的故事。如果你以为她像天底下所有的姥姥一样，那你错了，这个姥姥可跟别的姥姥不一样，她抽黑雪茄，即使得了肺炎，医生下了禁烟令她还照抽不误。她还建议小朋友应该永远不洗澡，因为“洗澡是一个危险的习惯”，身上脏臭的孩子才不会被女巫闻到，每天洗澡的干净孩子才会被女巫抓走。就她的这个“臭”主张，估计就会“熏”走不少家长。

姥姥最厉害的是“办外交”，她跟宾馆经理据理力争，要保住小外孙带来的两只宠物小白鼠，使出的手段，当真是又狡黠又世故！

如果碰上强调“观念一贯正确”的妈妈，这本书简直是胡言乱语，会教坏孩子。但是罗尔德·达尔知道什么话才是孩子最爱听的，道理很简单，谁没有过小时候呢？

姥姥在书中只哭了两次：第一次是女儿女婿出了车祸后，她抱着外孙两个人哭了一夜；第二次是她发现心爱的小外孙被变成了小老鼠后，泪如泉涌。

小外孙安慰姥姥：“我知道我变成了什么，但好玩的是我的确不觉得怎么糟。我甚至都不觉得生气。事实上我觉得很好，我知道我不再是个孩子了，也不会再成为孩子了，但只要有你照顾我，我会很好的。”

他知道不管他变成什么样子，永远有一个接纳他、爱他、照顾他的姥姥

姥姥发现女巫只是把外孙缩小，外形变成了老鼠，但还保存着自己的心、脑子和声音时，她感叹，真的谢天谢地。她安慰孩子：“你是一只披着鼠皮的人，你是非常特别的。”

小男孩是个幸运儿，他有不计较自己外形、任何时候都乐观快乐的心境，更重要的是他知道不管他变成什么样子，永远有一个接纳他、爱他、照顾他的姥姥。

当小外孙想出消灭女巫的主意，姥姥夸他的主意妙不可言！太了不起了！简直是天才！

姥姥最特别的行动是支持变成小老鼠的外孙去冒险。她让小老鼠钻进袜子里，再从阳台上把袜子吊着慢慢放到女巫大王的房间，让小老鼠去偷药——“86 号配方慢性变鼠药”。正好女巫回到房间，小老鼠差点被发现，多亏它机灵，才伺机跑出来，成功回到姥姥房间。拿到药后的姥姥又制订了下一步计划——让小老鼠把药放到厨房里给女巫们吃的饭菜里，让她们也变成老鼠。姥姥把小老鼠装在包里，带到离厨房最近的餐厅，让他独自从餐厅溜到厨房完成计划。小老鼠行动前，姥姥提醒他：“你有一条尾巴，在房里攀登时可能用得着它，你可以让它卷起来，用它钩住东西，这样就能摇晃身体，并从高处把身体降到地面。”

要知道“老鼠过街，人人喊打”，在餐厅和厨房里出现的老鼠是最有可能被打死的。可是姥姥就有胆量放手让小老鼠前去一搏。

小老鼠被姥姥的信任鼓励着，用姥姥教的“尾巴技巧”，找到了女巫的汤锅，投药成功。撤退时，他被厨师挥刀斩断了尾巴。当他带着流血的伤口爬到姥姥膝盖上时，姥姥镇定地说，用手绢包扎住就不会流血了！

不管怎么说，她是我读过的书中最淡定洒脱的姥姥，她会惊奇，会流泪，但更多的时候她能在坏事情中发现好现象，比如她发现变成小老鼠的外孙脑子比以前聪明了两倍。

她兴奋地随意挥舞手杖打碎家中十分美丽的花瓶也懒得管它。

在他们打车离开旅馆，小外孙问起行李怎么办时，姥姥痛快地答：“谁在乎那些行李？”当真酷得一塌糊涂！

她跟孩子一起疯，一起玩，孩子的每一个决定她都兴致勃勃地参与，放手让孩子去做，只在最关键的时候伸出援手。

我相信不少孩子读过以后会羡慕：“有这样一个姥姥，简直太棒了！”

只要有人爱你

并不是所有的人都像小男孩这样幸运。书中还有一个贪吃的小男孩布鲁诺，他也被女巫变成了小老鼠，他的父亲见状后拒绝说：“我不能要一只老鼠做儿子。”对比之下，就知道姥姥有多么不一样了。

变成老鼠最大的问题就是寿命缩短了。终于有一天，小外孙问到老鼠能活多少年。姥姥说，一般老鼠3年，老鼠人可以活9年。小外孙竟然很满足，因为他不想活得比姥姥久。他的理想是，再过八九年，他变成一只很老的老鼠，姥姥成为一位很老的姥姥，再过不久，两个人一起死掉。

姥姥的评价是“那就功德圆满了”。

这样一致的生死观让我们觉得，活多久真的不如怎么活更重要。这一对祖孙简直是天底下最默契的老少配。

当姥姥问他：“你真的不在乎以后一直做老鼠吗？”这何尝不是所有孩子和读者的问题呢？虽然做一只老鼠可以不用上学，不用写家庭作业，可以一直待在厨房食品柜里大吃二喝，可是只有9年的寿命，还变得那么小，无法像正常人一样生活，你真的会不在乎吗？

小外孙的答案是："我根本不在乎，只要有人爱你，你就不会在乎自己是什么，或者自己是什么样子。"

信任是最好的成长剂

这就是罗尔德·达尔的不凡之处——让我们懂得如何让一只变成老鼠的孩子活得无忧无虑，开开心心。答案很简单——无条件地爱他，不管他长得美还是丑，不管他变成什么样子，不管他的成绩是好还是坏，不管他身上有没有光环和本领，不管他可以活多久，都一如既往地爱他。

如果，你觉得回到挪威城堡中的祖孙俩接下来的生活就是等死，那你就小瞧他们了。想想他们的不安分，怎么可能？

好戏继续，姥姥假扮全挪威警长的声音，找到了女巫大王的地址，原来就在挪威，祖孙俩要大展拳脚，把变成老鼠的女巫们一锅端掉。

一只被充分信任、觉得自己能干无比的小老鼠一直兴奋地跟姥姥表态："我会的，我会的。我能办到！我能办到！"

信任是孩子最好的成长剂。

而 86 岁的姥姥也不肯示弱，为了配制灭鼠药，居然打算爬上高树取猪嘴鸟的蛋。

想一想，和这样一个让你觉得"你怎么做都是对的，都是最好的”的姥姥生活在一起，别说变成老鼠，就是变成蟑螂，也开心无比。

故事结尾的时候，变成老鼠的小外孙正在为姥姥规划的全球灭巫计划兴奋得直发抖呢。

我问儿子：“你最喜欢书里的哪个角色？”

儿子说：“当然是那位变成小老鼠的主角。”

“他的姥姥呢？”

“哦！简直酷毙了！”儿子接腔道。

《蛋壳里出来的奶奶》：陪伴是一辈子的学问

儿子小时候趴着孵蛋，趴累了，身子一软，鸡蛋压碎了，为此大哭一场。他的孵蛋梦并没醒，后来他在路上捡到一枚小小的鸟蛋，回家用各种柔软的东西垫着，珍宝般仔细做了一个温暖的窝，每天等待奇迹出现。

在现实生活中，儿子没能孵蛋成功，但在小说营造的世界里，他过足了瘾，有了一场源于孵蛋的奇遇。好的儿童作家总是知道孩子想要什么，他们会挥动马良神笔，让现实中的无奈在小说里梦想成真，这大概就是文学的魅力所在。

《蛋壳里出来的奶奶》是捷克出生、后来定居德国的作家伊娃·普洛查兹科娃创作的儿童故事，只看题目就足够奇特，一下子吊起了读者的胃口。故事也讲述得特别动人，难怪会获得德国“安徒生文学奖”。

鸡蛋会孵出小鸡，鸟蛋会孵出小鸟，最恐怖的是蛋里孵出恐龙。而这个故事的神奇之处，是让蛋里孵出一个可以捧在手里或揣在裤兜里的微型奶奶，而且这个奶奶不是会照顾你疼你、慈祥万能的典型奶奶，反倒是什么都不会还需要人照顾的“婴儿奶奶”，最独特的是，她还像天使一样，长着一对翅膀。

一个刚过 7 岁生日的男孩儿埃利亚斯，经常被高知父母忽视，突然遇到一个从蛋壳里出来、需要他照顾的、满脸皱纹的奶奶，好戏开场喽——

孩子喜欢什么样的父母?

同学们都羡慕埃利亚斯有一对好父母：妈妈长得像公主一样漂亮，爸爸是一个设计电脑游戏的专家。

可埃利亚斯觉得，爸妈长得好看与否并不重要，从事什么工作也不是他关心的，能陪着他玩游戏，给他讲故事的才是好爸妈。可惜的是，他的爸妈都沉浸在自己的工作中，承诺的陪伴一次一次不算数，可怜的埃利亚斯在家里像个孤儿一样。更悲惨的是，埃利亚斯既没有奶奶、爷爷，也没有姥姥、姥爷。在他眼中，爷爷奶奶、姥姥姥爷可是比爸爸妈妈更有时间、更有能耐、更有爱心，能毫无原则地满足孩子各种愿望的神奇存在。

这就不难理解，当他发现自己捡的蛋里孵出了一个微型奶奶时有多开心，他以为自己从此有人陪伴了，奶奶可以给他读童话、熬制奶油糖球，陪他一起逛公园、一起玩纸牌游戏，给他讲有趣的故事，永远有时间陪伴他。

But，没想到奶奶是一个既不会读书，也不会走路，甚至连完整的话也不会说的老 baby。他要给她买小码鞋，找合适的衣服，处处替她操心，但是埃利亚斯心中却乐开了花，一个需要被关注的孩子突然发现自己摇身一变成了更有能力的那个、能帮助更无力的奶奶，最起码他的日子不那么无聊了。

这两个超级搭档自然是免不了闯祸的：埃利亚斯剪下妈妈美丽的长发给奶奶做鸟巢；还把奶奶弄脏的蓝色连衣裙偷偷藏在洗碗巾中，结果染蓝了洗衣机里的所有衣服；奶奶感冒，喝了埃利亚斯煮的加了朗姆酒的治感冒的五福茶，半夜三更兴奋地在遥控器上跳来跳去，把电耗光了；因为写作要看卡尔斯坦城堡碟片的妈妈不得已，只好全家往同学们去得不想去了的城堡一探究竟；埃利亚斯期盼很久的一家三口快乐时光终于落地，这一次，和爸妈在一起玩得特别开心的埃利亚斯几乎把落在家里的奶奶忘记了。

你以为甩开家庭、忽略儿子、一心扑在工作上的爸爸事业会成功吗？作者毫不客气打了个大 ×。

埃利亚斯的爸爸是游戏设计师，设计了一款新游戏参赛，但却因缺乏娱乐性落败。别人怀疑他是因为没有孩子，才会做出一款失败的游戏。他这才幡然悔悟，发觉自己陪儿子的时间太少了。

落败的父亲终于有时间陪儿子参加学校举办的风筝大赛，他们制作的最丑、压根儿飞不起来的风筝，最后却飞得最高，拿了大奖。聪明的读者也许早就猜到了，那是长着翅膀、好不容易学会飞行的奶奶暗中助力，帮了大忙。

可这次胜利却让埃利亚斯流了泪，因为他和奶奶从此失联了。

别以为孩子不懂得孤独

孩子会孤独吗？有的家长不明白，孩子吃饱穿好、上学、写作业、玩游戏，每天忙得团团转，有什么好孤独的？再说，那么小的孩子懂得孤独是什么意思吗？

先看看书中孩子给父母的定义：

“父母对于我们而言，就像天气，你无法选择。不管你喜欢还是不喜欢，他们就是那样了，对他们进行抱怨，是没有任何意义的。

“不过说句老实话，父母其实比天气更麻烦。

“对父母一定要有耐心，或许有一天他们会安静下来，或许有一天他们会长大。”

爸爸参加游戏设计大赛，赢了就能去澳大利亚参加“儿童与他的世界”国际博览会。孩子问：“赢了，会带我一起去吗？”爸爸的答案是：那可能不行，那和孩子没关系。

孩子想不通，为什么一个叫“儿童与他的世界”的博览会竟然会和孩子没关系？

孩子知道，当妈妈说“办法总会有的”时，结果就是毫无办法或者办法很差劲。

埃利亚斯抱怨：爸爸有工作，妈妈有工作，可他也有工作，玩也是他的工作，怎么就没人知道，没人陪伴呢？

孤独、渴盼爸妈陪伴、渴望长辈宠爱的埃利亚斯，让人心疼。

很多家长排斥、批判或者试图纠正长辈带孩子的习惯，他们总觉得孩子的毛病就是老人惯坏的。但是他们也许不知道，老人给了孩子什么，更不知道有无限时间和无限耐心陪伴、又允许他偶尔犯个小错误的老人，对孩子的世界来说有多安稳又有多满足！

我的一位朋友感叹，小时候奶奶对他无限甚至偏执的爱和包容，是他在这个世界上最温暖、最恒久的后盾和堡垒。

在埃利亚斯眼中，同学维多利亚的母亲才是一个好妈妈，她虽然头发花白，裤子膝盖上总是皱起一个包，但她老给女儿讲有趣的故事，每天晚上陪她玩纸牌游戏，用花生米做赌注，她还是个作弊专家。

可惜的是，现实生活中像埃利亚斯父母那样的成功人士比比皆是，像埃利亚斯这样被同学羡慕的、孤独的倒霉蛋自然也不乏其人。

最好的就是你自己

有一年圣诞期间，网上疯传一个视频，是西班牙宜家公司制作的。他们选了10个孩子，让孩子们分别给圣诞老人和自己的爸爸妈妈写一封信，在信里说出想从圣诞老人和爸爸妈妈那里得到的圣诞礼物。让制作方和家长们吃惊的是，10个小朋友在信中向爸爸妈妈索要的圣诞礼物惊人的一致，就是爸爸妈妈能多陪陪他们。

一个妈妈看了视频感叹说："你想尽可能把最好的给他们，没想到最好的就是你自己。"

这几乎是全世界所有妈妈的误区：每天忙碌、打拼，让孩子上你认为的好学校，吃你认为的有营养的食物，去你觉得孩子应该喜欢的地方，读你觉得孩子该读的书，买你觉得孩子应该玩的玩具……费尽心机，精疲力尽，但孩子一点儿也不觉得幸福，更不会喜欢。因为对孩子来说，妈妈的陪伴才是最好的礼物。

有一段时间，儿子总爱问我：

“妈妈你爱我吗？”

“妈妈，你再抱抱我，你陪陪我。”儿子频繁地询问和恳求，让我满心疑窦，我几乎一日三餐都在他左右，他为何会有这么大的不安全感？

有一天晚上，我因为他写作业拖沓，又生气了，一人回到卧室自己看起书来。孩子爸爸进来调停说，你想让他独立，但独立不意味着不关心，你可以不陪他写作业，但你要关注他，问他要不要喝水、吃水果，需不需要妈妈帮助……你要让他知道，你虽然不陪他，但你一直在关注他；因为你才是他的定海神针。

那一段时间，我正试着放手，每天下午放学回家后，儿子写作业时我不再坐旁边，不再催促，由他独立完成。儿子的进度时快时慢，表现时好时坏。

最大的好处，是我从“四点半怪兽妈妈”的阵营里逃脱出来，可以看书、写字、洗衣收拾家，甚至喝茶、发呆。没想到儿子却因此觉得受了冷落，想方设法要重回我的视线，捣乱也是引发关注的方法之一。我反思了一下，也许真的放手速度太快了，孩子误以为我不闻不问是不再爱他了！

火速调整后，儿子像吃了颗定心丸，起码不再担心“你还爱我吗”。

经此一役，我觉得如何陪伴孩子真是家长需要修炼一辈子的学问。

专家说过，0—3岁，妈妈需要给孩子很多很多的爱；3—6岁，父亲在孩子的生活中扮演很重要的角色，妈妈要慢慢放手，让父亲担起主角，尤其是男孩子，他会在不知不觉中学着像爸爸一样做人、做事、考虑问题；而6岁以后，小伙伴在孩子生活中的重要性凸显，“去哪里玩”远没有“跟谁玩”更重要；等到了青春叛逆期，父母得像隐形人一样，在他不需要的时候尽量不在他身边出现，有好感的异性或初恋对象对他的影响要比父母大得多；一直要到孩子工作、结婚、生儿育女之后，父母才会再次靠近他的生活。

不同年龄段，孩子的需求各不相同，父母是放手还是撒手，是让孩子独立还是让孩子感觉被忽略……也许一个无意间的细节，会让孩子产生截然不同的感受。

和儿子一起读完这本书后，我找到了自己的新偶像——维多利亚妈妈，除了外形不能学她以外，我重新安排了自己的时间表，调整了陪伴儿子的项目，不再忙着给他买多贵的玩具，让他上多贵的学校、参加多高端的夏令营。哪怕陪孩子在家门口的小河沟里挖泥鳅，陪他在楼底下捡树叶，甚至就陪他在小区院里散散步、聊聊天，睡前给他讲故事，只要一心一意，都是高质量的付出。

对孩子来说，最好的陪伴就是妈妈爸爸在，人在心也在。

《山居岁月》：比野外生存更难的是面对别人的评判

不知道从什么时候开始，我跟在儿子后面看书了。

儿子看完《山居岁月》后给我推荐："这是我看过的最好的一本书，你一定要看看。山姆在树上做了个屋，他拿鹿皮做衣服，用乌龟壳喝汤，还驯服了一只叫'惊风'的猎鹰，有一只浣熊经常去捣乱，'男爵'其实是一只黄鼠狼的外号。"

不用说，这肯定是一本讲野外生存的书。之前给他买过一套《男孩的冒险书》，可惜探险的目的地有点宏大遥远：亚马孙森林、极地冰河、撒哈拉沙漠、非洲草原……这些地方一时半会儿还去不了，提供的生存本领暂时派不上用场，没有需求也就没了动力。

这本《山居岁月》却不同，讲的是纽约男孩山姆，跑到曾祖父留下来的森林中的荒废农场，独自生活，其间他所经历的种种磨难和他一一攻克的方法。故事的发生地虽然远在美国，却让儿子感觉离自己的生活很近，他可以跟着山姆一步步学会超细致、超实用的野外生存本领，最要紧的是书写得有趣，连我这个老大不小的家长也看得很入迷。

儿童版《瓦尔登湖》

《山居岁月》被有的评论家称为“儿童版的《瓦尔登湖》”，书中有个情节——迷路的大学英语老师邦杜住过山姆的树屋，吃过他丰盛的餐食后，直接喊山姆为“梭罗”。

不仅仅是美国作者，几乎是全世界要写野外生存的作者，没有谁能绕过梭罗的《瓦尔登湖》。

《山居岁月》的作者是美国的珍·克雷赫德·乔治，是一名热爱自然、以写作自然故事为主的著名儿童文学作家，自然不可能摆脱梭罗的榜样示范。

对于《瓦尔登湖》中梭罗对大自然的反思，孩子们也许一时半会儿还领悟不了那么深刻，尤其是城市里的孩子，他们缺乏山居的生活经验，需要先置身其中一步步体验。

《山居岁月》作为儿童读物，它的故事显然更贴近孩子，野外生存的恐惧、孤独，物质的难关和心理的关口，小读者都可以跟着山姆一步步迈过。

山姆与周围动物的相处，尤其是他对森林中植物和自然的观察，就像穿越到远古时期，重拾祖先生存的技能和本领，是一种主动的“返祖”，他从一开始的手足无措、麻瓜一枚，到后来应付自如、游刃有余；从饥寒交迫，到如鱼得水。换个角度看，山姆的山居岁月就像一本简约版的人类“退”化史，提醒我们捡拾起很多被遗忘的、祖先留给我们的生存本领。

点火是个技术活儿

先不要说一个人打算去森林独立生存要带多少东西，现代人就算在外宿营一晚要准备多少吃喝和装备?

网上随便查查驴友提供的出行须知：六七十公升的超大背包是基础配备，帐篷防潮垫睡袋是必需物品，再加上煤气炉、锅灶食物，几乎得样样齐备。我们家在外面宿过几次营，每次出行，车的后备箱都被塞得满满当当，感觉跟逃荒差不多。

而山姆离家去森林时只带了一把小刀、一捆绳索、一把斧头、一些打火石、钢片，还有40元钱，这就是全部了。

这些装备是少得可怜，让人生疑，可一个少年的自信和能力却展露无遗：他会用小刀削鱼钩，还可以席地而卧，既有能力又能吃苦，行装自然可以做到极简。

谁都没想到山姆野外生存遭遇的第一个拦路虎是点火，他曾在纸上记下了完整的点火技巧，在出发的火车上也反复练习，但第一晚他根本没把火生起来。他用打火石击钢片，冒出了火花，也点着了火种，可是一加上小树枝火苗马上就熄灭了，他又吹又扇，也没有用。虽然他自己削好了鱼钩，也找到了鱼饵，甚至成功地钓到了鱼，可因为生不着火，只能饿着肚子睡觉。

城市里长大的孩子不要说会用点火石，甚至连更简易的火柴都没见过，不会用。这并不是笑话，而是我亲眼所见。

有一次和朋友几家人出行，儿子和小伙伴们在旅馆房间里找到一盒火柴。奇葩的是，这些熊孩子居然不知道火柴是干什么用的，甚至在家长口头传授划火柴的方法后，他们都因为力度掌握不好，划了好多次依旧点不着。

是的，他们都读过安徒生童话《卖火柴的小女孩》，甚至也都为那个小女孩的惨死流下过眼泪，但情感丰富的他们面对一根根一划即着的火柴却无从下手。

家长们集体感叹后开始补课。三个孩子围着玻璃茶几开始学习划火柴，他们为每一次火苗的点燃和簇动欢呼。和山姆一比对，他们就像温室里娇弱的花朵。

现在城市家庭里都用煤气或者电磁炉，一拧就着，他们不需要点火烧柴。鱼蛋肉菜是从超市买的，水电暖设备从他们出生以来，就是房屋里配备好的，就算学校春游或秋游节目里有烧烤活动，也由家长烤好，不用他们自己生火加柴。

真的无法想象自己的孩子像山姆一样空降在森林和野外如何存活。难怪在儿子的眼中，书中比他大不了几岁的山姆简直就像超人一样神勇。

重新审视人与动物的关系

也许有人会为城市里的孩子辩解，他们虽然缺乏动手能力，但肚子里装的知识可不少；可山姆的经历提醒我们，光有一肚子的知识到了森林里不一定管用，知识说到底还得变通，化为能力才行。比如，任何生存手册上讲到挖空树洞，用的都是刀削斧砍，但山姆累了个半死也没成功，灵机一动，想到可以用火烧。虽然没有一本书教你用火烧出一个树洞来栖身，但山姆却这样做到了。

用火烧树最重要的是控制火苗的大小和势头，不能烧过头。书上的知识，通常灭火都得用水，可山姆最后用的是泥，取材方便，控制得力。瞧，书本上的知识是死的，在野外，得因地取材，会变通才管用。

说到如何寻找食物，山姆的经验是从指南手册上来的：观察鸟类和动物的食物，就可以分辨森林植物什么能吃，什么不能吃。动物能吃的东西，人类绝对没问题，书上还说，浣熊的口味和人类最接近。

可惜在城市中，我们见到的很多动物（准确地说是动物的尸体），是从超市的食品柜里到自家的餐桌上，或是从饭店的水族池里到自己的餐桌上。除了家里养的宠物外，我们和大多数动物的关系已经被简化成吃和被吃。可到了森林里才发现，人和动物是同类，动物不仅是我们的温度计，还是我们的先行者和指南针，按照动物的口味和食物寻找食物，山姆才能存活下来。

在森林中，山姆和动物的关系被重新建立，那几只动物都是有名有姓的，它们早就化身为山姆的伙伴好友，不仅是山姆捕食的好帮手，更是山姆的情感和精神寄托。山姆从小喂大的猎鹰惊风还救过山姆一命；叽叽喳喳的五十雀是山姆的温度计，他按着它们的节奏作息，避过风雨；那只不请自到，毫不客气睡到他床上的浣熊杰西是个男生，经常把他存的坚果吃得乱七八糟，男爵黄鼠狼很另类也很个性。甚至来偷食的小老鼠山姆也很可怜，当山姆得知神秘的猫头鹰将要当妈妈，春天的森林里要多一个小生命，兴奋莫名，就像知道好朋友要当妈妈一样开心。山姆还和动物们搞了一次“不给糖就捣乱”的万圣节派对，给动物准备了各种各样的食物，附近的鹿居然一传十、十传百地排队来找他要食物。

山姆的山居岁月证明人和动物不仅是同类，更是同伴，不仅彼此需要，而且彼此依赖，不是单向的猎杀和取食。

美梦终成泡影

瓦尔登湖再美丽宁静，梭罗并没有终老是乡，只住了两年零两个月就离开了，重新住到了康科德城他的朋友兼导师爱默生家。

山姆的森林独居美梦最后也化为泡影。他可以钻在树屋里，一声不响躲过旅游季来宿营的游客，躲过狩猎季来打猎的猎人，可惜他躲不过闻讯而至的记者，采访、拍照，打乱了他独享的安宁。

不过终结他美梦的不是总爱添乱的媒体，而是他的家人。

他在森林中听到爸爸的喊声，以为他带来了一大群摄影师和记者，要把他带回家。

恰恰相反，爸爸带来的是妈妈和一家人。

妈妈的决定是，如果他不想回家，我们就全家搬去。

这应该是妈妈这辈子做出的最了不起的决定，但山姆没有惊喜，只有伤心。因为爸爸要在这里盖一间大房子，不像他一样住树洞，搭吊床。妈妈要给他一个温暖的家，所谓的温暖的家就是有屋顶有门的房子。她被报道上说自己没有尽到母亲责任的言论气得半死。

山姆听到妈妈的委屈，气得快要哭了，他质问：有几个男孩的妈妈会让她们的儿子像我一样？他眼里的妈妈几乎是最好的。

可惜，就像爸爸说的，“所有的女人都活在舆论里”。已经在森林里如鱼得水的山姆因为不满 18 岁，不能独自生活，所以再一次不由分说地被归拢到爸妈的羽翼下。山姆那么辛苦换来的独立生存的本领被迫戛然中止。他虽然仍可以留在森林里，而且和全家人在一起，森林却不再是他一个人的世界，他也不可能按照自己喜欢的方式生活。他的森林被父母硬生生地嫁接进了城市的楼房，完全变了味儿。

山姆在自己开创的乐园里失去了自己的乐园，这可以说是最悲催的结局。

但山姆毕竟带领我们一起经历过那么多的美好，记忆会长久留存，不是吗？

《吴哥窟历险记》：没想到漫画书成了最有料的旅行指南

2015 年寒假，我带儿子去吴哥窟前曾问他：“你的《寻宝记系列》里有没有《柬埔寨历险记》？”他摇头。

“那你要不要提前在网上脑补一下吴哥窟的历史？”

“NO！那样会没有惊喜。”

“妈妈买了一本蒋勋的《吴哥之美》，你要不要提前看一下？图片很美！”

“还是不要了吧。”

嗯，其实我开口前就想到了答案，但被三连 NO 还是觉得这壁碰得有点硬。

之前看过有的妈妈写的出行攻略，建议让孩子参与旅游的行程规划和安排，能让孩子在行程中更投入也更有收获。可这个念头就像火花一样，只是一厢情愿地在我的脑子里啪地闪了一下，触碰到现实中的臭小子，瞬间被灭，然后就没有然后了。

最翔实的旅游攻略居然是两本儿童书

去暹粒的飞机上，发现机舱里几乎人手一册蒋勋的《吴哥之美》，看来现在文化旅游的热度在攀升，人们不仅仅满足于到此一游，更想深入地了解这些风景和建筑背后的历史和人文知识。

蒋勋的《吴哥之美》简直是最好的行前总动员，有故事、有历史、有细节，还有思索，再用独特的蒋氏情怀一勾兑，看得你恨不得插翅飞去，一睹为快。

但是游历之后再对照着看，就会发现《吴哥之美》的料不够，干货少，不少是个人情绪化的东西，你想更深入一步了解更多的细节，打探更多的历史背景，蒋勋老师却戛然而止，也没有下回分解。

好在《吴哥之美》附录中收录了元代周达观写的《真腊风土记》，这本与《马可·波罗游记》同年出品，但远不如后者有名的冷门书，在将近600年后被法国人亨利·穆奥按书索骥，发现了这个有着600年历史却被遗忘了500年的世界奇迹——吴哥窟。

周达观的文字并不长，而且是分段记述，有点像现在的微博体，但是胜在记述生动，无所不包，可当作文字版的“清明上河图”来看。

同行的朋友带了一本“孤独星球”（LP,Lonely Planet）出品的《柬埔寨》，借来翻看相关的吴哥窟部分，像是脱了水的干豆角一样，简短枯燥，不管是信息量还是资料背景都相当短缺，十分鸡肋。

返程中同行的一位妈妈提到韩国创作的《吴哥窟历险记》，不仅孩子看得津津有味，她自己也觉得非常补脑。回到家当天就下了单，又是韩国出品，和儿子喜爱的《寻宝记》《数学幻想大战》产地一致，看来，韩国人对世界各地文化遗产的发掘和传播，也是各种用功。

两册《吴哥窟历险记》漫画书看下来，等于认真做了一次吴哥行总结回顾，查漏补缺，甚至再去吴哥行的行程都一清二楚，真的没想到，最有用的吴哥行攻略是一本写给孩子的漫——画——书。

那些被导游漏掉的，蒋勋老师《吴哥之美》没有提到的，LP《柬埔寨》缩了水的，这里统统补齐，历史地理、传说神话、建筑风格、宗教衍变、最佳线路，以及漏掉的景点，没有来得及爬的巴肯山和因为太远没有去成的崩密列，统统翔实奉上。

儿子两本书看下来，大呼过瘾。要求把这套书中已出版的

2 本《秦始皇陵历险记》和 4 本《埃及金字塔历险记》一并买回来，因为实在太好看了！

从未出行之前的书上游，到抵达之后的用脚步丈量，最后再落脚到书中回炉游，圆满！

无处不在的“旅游有用论”

连续三年寒假带儿子出行的方向都是东南亚，2013 年是越南岘港，2014 年是马来西亚的槟城和兰卡威，2015 年是柬埔寨的吴哥窟。有朋友见我们去的都是“老少边穷”地区，调侃说，按这个节奏，下一步应该去印度了吧？其实他猜错了，我们下一步打算去更远的埃及。

定期带儿子旅游是从他很小的时候就开始了的，每年寒假暑假必定出门稍远游，其他节假日则是国内自助游。算起来，10 岁时儿子已经走了大半个中国了。

小时候带孩子出门，走不动，要背要抱，要带奶粉，各种东东，我听到周围朋友最多的劝告就是：孩子太小，别去，他什么都记不住。

我当时愣了一下，难道旅游是为了让孩子记住什么？

我搜索出行记忆中儿子欢快的笑脸：在茶卡盐湖拉着姥姥的手、光着脚咧着嘴在盐湖里走来走去的得意；在青海湖畔骑在牦牛背上走了一圈又一圈不肯下来的满足；在秦淮河畔的江南贡院学燕子飞的淘气；在明孝陵的石像旁打着手电筒摆 pose 的搞笑；在青岛一上出租车就喊“叔叔去大梅沙”的笑话；在兰卡威岛上捡到一个刚从树上掉下来的大椰子的兴奋，看到小松鼠从门前蹿过一路追赶的笑声；在越南岘港海天一色的泳池里和小伙伴一起跳水的兴奋和尖叫；在福建土楼里半夜不肯入睡，跟着爸爸在室外桥边泡茶喝时嫌苦的鬼脸……

我没有仔细算过这么多年带孩子跑了多少地方，也来不及清点带他出行他到底收获了多少，但我仍在继续走走走，而且和儿子约定，前半生我们带他走世界，后半生轮到他来带我们继续打卡。

可惜，功利几乎无处不在。“有用论”不知道从何时起成了最普遍的育儿观点：读书不能白读，要有用，要写读书笔记，要谈心得感受；看电影也不能白看，得聊聊看懂了什么意思，得到什么感受，学到什么知识；旅行更是，花了那么多钱，走了那么远的路，恨不得把历史、地理、古诗词甚至建筑都让孩子一次搞明白，最起码旅行回来得写篇日记或者写篇作文，才觉得有用或者划算。

小时候儿子喜欢去儿童乐园玩，最喜欢的是蹦床，一进去就直接蹦，可以蹦很久，身边的小朋友换了一拨又一拨，他就固守着这个地儿不挪窝。在外面观战的爸爸就急着劝：为什么不去其他地方玩一下呢？

有那么多好玩的东西，儿子只玩这种，按大人功利的想法肯定不划算。但是有什么关系呢？孩子喜欢就好！

还有一次儿子玩涂色，又有人劝要多涂一些颜色，理由也是要丰富，要划算，可是孩子就是喜欢那几种颜色，就算他涂个黑苹果，又有什么关系呢？

记得采访台湾作家朱天衣时，她虽然教孩子们写作文，但她强调不要逼孩子写读书报告，因为她觉得好多书中的道理并不是当下看了就能悟到，有的东西也许到你生命终结的时候才能领悟到。

从不同国家的钱币开始

网上流传的一篇《为什么带孩子去旅行？》认为，旅行给孩子提供了三门课：一是多样的价值观，二是多重的世界观，三是多重人生观。其实就是简称的“三观”。

我的最大感受就是旅行可以让孩子了解世界的丰富多样，知道人生有各种各样的可能，同时还可以消除偏见。

2014 年夏天带孩子去澳门旅游，有天是中元节，我们在旅途中看到很多人在烧冥币祭祖先。晚上回旅馆的路上，儿子和同行的另一个小朋友就谈到了哪国的钱更贵，人民币在哪里花比较划算。这应该是经济学的内容。但因为已多次出国旅游，见过不少外币，又由火光中慢慢成灰的冥币引发联想，聊起这个话题就很自然。

儿子对钱特别敏感，每到一地，人民币与外币的汇率是他最关心的事情。在越南，1 元人民币可以兑换 3000 多越南盾，每人 1000 元人民币瞬间变成百万越南盾。到了马来西亚，1 元人民币只相当于 0.6 林吉特马币，马币比人民币贵一倍，他居然很气愤："哪怕跟人民币一样贵也好，凭什么马币要贵过人民币呢？"美元和人民币的汇率他是早就知道的，还有欧元的汇率。他一直操心世界上"最贵"的钱是哪国的。

去柬埔寨的时候，1 元人民币可以换 568 瑞尔，这个比率他很满意。不过他更喜欢的是 one dollar。因为 one dollar 在吴哥窟太有用了：喝一个椰子、吃一串香蕉、买一个西瓜、买一盒明信片，以及买各种各样的金属小动物，每个 one dollar。儿子跟我要了十多个 one dollar 去组建他的动物军团。

每个孩子的关注点不同，走的地方多了，孩子自然也有一些变化。"见多识广"，一直是我带孩子旅行的动力和目的。

在吴哥窟吃早餐时，儿子突然发表感言说："自助餐是一种痛苦的选择，因为总不知道选什么好。"

我们笑他，其实是"贪"字作怪，"弱水三千，只取一瓢饮"就容易多了！

柬埔寨跟团行，前三天下来，天天看古迹，到处是石头，不用说孩子，就是大人也有些疲劳了，好多团友在一些小寺匆匆一看就上车了，因为天气很热，开着空调的车里很凉快。可是爸爸要拍照片，就算每次在规定时间出来也是最后一个到达。

儿子后来提醒我们：爸爸不要总是最后一个出来，哪怕是最后一个也不要让大家等得太晚，更不要让团队因为等我们而无法去其他景点，因为那样对别人不公平。

这些话都是平常我跟他一再强调的，提醒他在团体中应该注意的事项和必须恪守的准则，现在由他反过来要求家长，我听的时候心里真的乐开了花。这难道不算是旅行增长的见识吗？

孩子，世界很大，让我们一路读，一路慢慢走来……

《寻宝记》：不去土耳其，不知道你知道得这么多

20世纪80年代，钟叔河先生编辑的《走向世界丛书》，为思想界带来清新之风，也为学界所重。素不肯为人作序的钱锺书特别破例主动为《走向世界丛书》作序。杨绛先生后来致信钟叔河时写道："他（指钱锺书）生平主动愿作序者，惟先生一人耳。"钱锺书认为钟叔河先生的才、学、识、胆为学人所推重，尤贵者胆，认为钟叔河撰写的《走向世界丛书》的叙论尤为精当。

对孩子来说，走向世界同样是一个大命题，除了实地行走和感受，最便利、快捷的抵达还是阅读。让孩子从小知道世界的大小异同，最好有一套儿童版的"走向世界丛书"。

幸运的是这套书是儿子自己找来的，没让我费什么脑子。

这套书是韩国小熊工作室出品的《寻宝记系列》。

从亲子阅读到独立阅读的拐杖书

儿子最爱的《寻宝记》，是从深圳书城到香港书展再到台湾诚品书店，一路淘过来的。说实话，我最初不太喜欢这种风格，漫画有点夸张，每一章的结束都附加两页历史常识，寓教于乐的目的很明显。

不过对儿子买书的要求，我一般是有求必应的。

当时儿子正迷图多字密的《丁丁历险记》，所以图大字少、阅读量减了三分之二的《寻宝记》的出现，对我这个读故事的妈来说几乎是“救命”之书。

其实家长很贪心，总希望孩子多读点知识性的东西，不只是看热闹。可每次到了一章结束后的历史常识部分，儿子总是唰的一声快速翻过，满脸期待地等着读下一章。我觉得他不听，强塞也没用，不读就不读，反正书也不止读一遍。

不知从何时起，儿子就开始独立阅读了。从依赖到独立，《寻宝记》正是过渡时期的那套“拐杖书”。

越南行：《寻宝记》首次发力

2013 年寒假我们打算去越南岘港的时候，儿子兴致勃勃地说：我要去吃越南宫廷料理和越南米粉。《越南寻宝记》寻的宝就是顶级料理的食谱，书中的各种美食早就把小吃货勾引得馋涎欲滴。在自由选择去海边还是去顺化王宫时，儿子毫不犹豫选了后者。

参观会安古城，进到模仿紫禁城修建的顺化王宫，小朋友一路兴致不减，但还是不如吃料理时来得爽快。吃，是他一路行走的最大动力。

一个幼小的孩子面对一个陌生的国度，丝毫没有陌生感，反而有几分小主人的熟稔。不得不感谢《越南寻宝记》，这本书让一个孩子对未涉足的世界有了亲近感，不陌生、不排斥，有期待、有惊喜。

其实我们吃的那顿餐绝不是宫廷料理，但置身于一个仿古的饭店，周围陈列着古色古香的物件，儿子就认定他吃的就是宫廷料理了。不过让他惊艳并念念不忘的，是临走时在街头吃的那碗很便宜的越南米粉。一开始昏睡着不肯下车的他，无精打采地进了这个毫不起眼的小店，坐在类似大排档的饭桌前，没想到第一口米粉下肚，他就眼睛一亮，连赞好吃，一口气吃了个精光。因为里面加了青柠，他回来也让我到处买青柠，越南米粉从此超越宫廷料理，成了他记忆中的越南头牌美食。

对一个小吃货来说，用味蕾来记忆一个国家，属于独特的私家旅行味道。

探秘古埃及展：让“历史常识”复活

也许是因为木乃伊的神奇，抑或是因为金字塔和狮身人面像的独特，又或者是因为戴着黄金面具的图特卡蒙二世造型太酷，《寻宝记系列》里儿子的最爱就是《埃及寻宝记》。在深圳旅游景点“世界之窗”的埃及展区部分，他对各种场景和人物如数家珍。这本书他翻了多少遍我数不清，我知道的是这本书中夹带的“历史常识”，并没有因为他的喜欢而破例，不看就是不看。

2013年3月中旬，“穿越时空·探秘古埃及展”来到深圳。他听了欢天喜地。预展时我带他去看，他看得很仔细，一件挨着一件，反反复复。一拨又一拨的观众走了又来，他还在缓慢移动中，他的专心被在馆内采访的工作人员发现了，他就被邀请去接受了一次采访。采访的两位年轻的哥哥和姐姐也没想到他对埃及的了解会这么多，我当然知道《埃及寻宝记》给他补了多少料。

这次展览的重头戏，是拉美西斯二世之子的木乃伊真正睡到了自己的“墓室”里，深圳展厅的这个墓室是按照1∶1的比例用激光扫描后原样复制的，是除了埃及之外唯一的一个按原貌复制的墓室，有关木乃伊来世、永生的故事在墓室四周的壁画上布满各种各样的图形和文字。

在那里，儿子待的时间最长，破解的图案也最多。“圣甲虫”是他一眼就认出来的图案，到处都是。“荷鲁斯之眼”也被他找到了，还有随处可见的绳索状的“安卡”图案，儿子说，这象征生命，也叫“生命之符”，在墓碑上常见。

看完预展回家当晚，儿子翻出《埃及寻宝记》，翻到中间的历史常识部分，那些以前被他一翻而过、忽略不顾的文字，突然间变成了宝贝，被他读了又读。真是“书到用时方去读”。只读还不算，他又打开我手机上在展厅拍的图片里的符号开始一一破解。我跟着他把埃及神话中的主要神祇也复习了一遍，顺带厘清了他们之间的关系：“冥界之神”俄赛里斯是“天空之神”荷鲁斯的父亲，而“沙漠之神”塞特是俄赛里斯的弟弟、荷鲁斯的叔父。塞特杀害了哥哥俄赛里斯，占据王位，后来又败给侄子荷鲁斯。这个情节是不是很容易让人想起莎士比亚的《哈姆雷特》？

没想到一次展览，居然让儿子以往阅读中被打入冷宫的“历史常识”满血复活，他还把金字塔的解剖图原样描绘在他的摘抄本上。《埃及寻宝记》中的“历史常识”也由此沾光进入他的视线。

日本：修正偏见之旅——让历史的归历史

儿子四年级暑假的旅行，我们原本计划去土耳其。我在网上做了攻略后跟儿子聊起，说起蓝色清真寺、圣索菲亚大教堂，我强烈推荐他会喜欢的地下水宫时，他淡然地接茬儿：“嗯，那上面的两个雕像有点恐怖。”

这个没走过几个国家的孩子，通过阅读，对异国异域的熟悉程度比我这个大人强很多。现在的家长想在知识上有点权威感还真不容易。

我这才放下网上的攻略，回头拿起他的《土耳其寻宝记》来，从头到尾恶补了一遍。读过以后我对这套《寻宝记》的偏见总算修正过来了，以前是儿子喜欢，我尊重他的爱好，买给他，自己却不以为意。虽然，现在我还是不喜欢它的画风，但不得不说这是一套信息量蛮大、干货很多、几乎把目的地的历史和重要景点一网打尽的旅游指南，家长和孩子都会受益。

不过，那个暑假，儿子学校因为装修提前半个月放假，闺密一听就约我们同去日本。那时候暑假还没到来，游客不多，价格也美丽，我们就干脆改去日本，土耳其放到下一年的暑假。

旅行结束后我总结：日本之行算得是一趟修正儿子偏见

之旅。

出行前的那段时间，儿子因为对钓鱼岛问题和南京大屠杀有了自己的是非判断，一提日本就表示“很讨厌”。就算他喜欢的漫画家高木直子是日本人，日本在他心里依然全是差评。

因此，改道日本之前，我们先征求孩子的意见。

儿子：“为什么去日本？日本过去杀了好多中国人，现在又和我们抢地盘。”

妈妈：“是的。这个邻居过去不对，现在也有点问题。”

儿子：“那为什么要去日本呢？”

妈妈：“妈妈周围有一堆人讨厌日本，理由跟你的差不多。但是你看看，我们家的电视是日本的，录像机是日本的，车也是日本的，你不是喜欢吃日式料理，喜欢吃乌冬面、寿司吗？你爱吃的明治雪糕和巧克力也是日本的。你不会因为讨厌日本就把咱们家的电视、录像机和汽车砸了，对不对？你也不会因为不喜欢日本再不吃明治雪糕和巧克力吧。”

儿子：“明治雪糕和巧克力是我最喜欢的，东西归东西嘛。”

妈妈：“可它们都是日本出产的。你要是讨厌日本，是不是就不吃他们出产的东西了呢？既然吃他们的东西，买他们的产品，去他们国家看看有什么不可以呢？”

儿子（犹犹豫豫）：“好像有点道理。”

妈妈：“妈妈周围还有一拨特别喜欢日本的人，他们都说只要你去过一次日本你就会爱上那个地方。我的好多朋友从日本回来就成了日本控，不止一次去日本。前几天我们看电视节目，提到全球安全系数最高、口碑第一的旅游城市，你还记得是哪里吗？”

儿子：“东京。”

妈妈：“喜欢一个国家还是讨厌一个国家，都要实地了解一下才能表态。就像你喜欢一个人或者讨厌一个人，肯定是因为跟他打过交道，除了影视明星以外，你不可能无缘无故喜欢或者讨厌你的同学或者朋友吧。”

儿子：“那倒是。”

妈妈：“我们这次可以一路看看，吃住行玩，看看日本比中国强在哪里，或者有哪里不如我们？”

儿子已经有点被说动了。

妈妈：“最关键的是你们学校今年提前放假，现在去日本比半个月后每人便宜一千元，一家三口就可以便宜三千元。我们可以多三千元买东西，好不好？”

儿子点头，不知道是被我前面的长篇大论说服了，还是对能便宜三千元动了心。

抵达日本的第一天，儿子就被美食征服了——入住酒店后，同行的闺密在酒店附近的小超市买了饭团，包饭团的紫菜是单独包装，吃的时候自己动手一裹，味道很正，儿子吃得不亦乐乎，连叫美味；最爱的明治雪糕和巧克力更是一路吃个不停；连日式的糊状代食都爱不释手……这个出发前肠胃有点失调的小朋友，一到日本就胃口大开，甚至超常发挥，好像要弥补前几天肠胃不适造成的亏空。

到日本的第三天，午餐时我们到了一个日本的加油站，导游说中饭就在这里吃。但因为这里只有一家餐厅，且这家餐厅规模不大，接待人数有限，我们来得有点晚，只能等下一拨。

儿子听完偷偷扯我的袖子问："妈妈，加油站的餐厅能有什么好吃的？如果饭不好吃，我吃不下去怎么办？"

我安慰他说："不要着急，我们前两天吃得都不错，如果真的不好吃，包包里有明治巧克力，再给你买个冰激凌或者三明治、饭团好不好？"

娃答应了，先下车去卫生间，回来神秘地说："妈妈，这里的卫生间很高级，跟酒店的一样都有冲洗功能，厕所里好干净，一点臭味儿也没有。"

我也去了一趟，果然。同行的闺密感叹："什么时候国内的加油站洗手间能达到这个水平，我就不发愁开车自驾出门了。"

等饭的时间稍微有点长。先上来的是孩子们的饭，一个大托盘，菜汤肉蛋样样俱全，其中米饭的位置用大红漆碗倒扣着。小朋友放定托盘，率先去揭红碗。揭开一看，原来是一大块黑椒煎牛排配白饭。两个小朋友一声欢呼。导游解释说，这是餐厅为儿童特制的定食，家长的没有牛排，但有牛肉。孩子们听到后，觉得自己受到了优待，吃起来越发得意。虽然牛排是儿童专享，但儿子爱上的是白米饭。在日本旅行期间，他一路上就餐，常常是先吃完自己那份里的米饭，剩下菜肉，留出肚子，再要一份白米饭，他说这饭嚼起来特别香。

进了富士游乐园，儿子从洗手间出来后，大惊小怪地跟全体团友推荐："你们一定要上趟洗手间，有惊喜。"我率先去体验，一进洗手间门，步步生莲——每往前走一步，灯就会亮一圈，从外到内三层光源，步步亮起来，并伴有轻柔的音乐声，像进入了童话世界。依然是一点臭味儿都没有的洗手间，我注意到洗手间里有专门的母婴专用位，从外面看，门比普通的大 1.5 倍，打开进去发现右边角有一个台子，可让宝宝坐在那里，并配有绑宝宝的安全带。妈妈一个人如果带着不会走路的婴儿上洗手间，也可以从容不迫。这份体贴让我感动。晚上回了酒店，儿子总结说："只公共洗手间这一项，日本就比我们领先了很多，我们的公共卫生间先消灭了臭味儿再说。"

我们在游乐园吃的是自助餐，有火锅有烧烤，两个孩子一趟趟取食物，你一盘咖喱牛腩，我一盘炭烧培根；我一盘蒜蓉烤大虾，你一盘烤三文鱼。次次光盘，食量惊人，吓坏了两家大人。

除了卫生间，让我们感叹的还有日本的直饮水。导游说："40

年前日本就全部采用直饮水，拧开水龙头就可以直接饮用。”

儿子问我：“深圳有直饮水吗？”

我说：“我们小区将来会改造直饮水。”

儿子又问：“现在有吗？”

我说：“一些公共场所好像有配备，但小区还没有普及。”

看来，基础设施上的进步空间也很大。

让儿子叹服的还有居酒屋。居酒屋是成年人喝酒聚会的地方，我们主要让两个孩子在居酒屋里体验异国风情。我们去的居酒屋有两间包房，一对老年夫妻在经营，送进来寿司和清酒后，男主人特地进来，笑意满脸打着手势询问：“寿司的味道是否可口？”寿司上的三文鱼、大虾、贝类新鲜得要掉眉毛。

这次轮到我从居酒屋的卫生间回来播报，劝大家去体验一下，什么叫一尘不染，异味儿全无，装饰得很卡哇伊。

从加油站到酒店再到居酒屋，大大小小风格不一的洗手间在儿子挑剔的眼中统统得了满分。

回国的前一晚，在成田机场附近的一家大超市，全团人员开始发力，几乎把这里当成了香港上水，采购内容从化妆品到泡面再到大米、酱油。因为采购量大，我们干脆从超市拿了纸箱包装起来，平均每人一两箱，买完集合。这种买法让商场的服务人员有点吃惊，在车上等候的导游也看傻了眼。

一个富而有礼、安静低调、干净整洁的国家，接触的店员和服务人员谦恭有礼、笑容可亲，孩子一路看富士山，住榻榻米，泡温泉，吃寿司饭团，被遇到的每一个人柔声细语地对待着，尤其是还有特制的儿童定食。对日本的厌恶早被一道道美食、一盒盒牛奶、一块块巧克力融化掉了，赞许和喜爱在不知不觉间滋生。

从日本回来后，我跟儿子聊天。

我：“还恨日本吗？”

娃：“恨，他毕竟杀了我们那么多人。”

我：“喜欢日本吗？”

娃：“各种喜欢。”

我：“还想去吗？”

娃：“下一次能按高木直子漫画书的路线走一趟吗？在樱花盛开的季节，我特别想像高木一样在樱花树下吃个便当。”

我笑他：“你的旅行清单上多了一个你又恨又爱的国家。”

儿子有点不好意思：“没有去日本前讨厌，现在也讨厌他们杀人，抢地盘。但去了以后觉得那里吃得好、风景好，人人都很有礼貌，半夜出去也安全。既恨也爱。”

我提醒他：“有一个解决办法叫‘让历史的归历史’。日本侵略我们的历史是不能更改的，我们要谨记、要坚决反对和抵御这样的侵略，不能让它再发生。但是，我们现在去日本，会发现这个国家也有很多值得我们学习的美好和优秀，这里的人也大多善良有礼，让人乐于亲近；我们也会喜欢那里，愿意再去旅行。历史不能忘，但不要因为历史阻碍当下和未来，丑恶的要坚定地批判，美好的要敞开心胸去接纳。

“在没有去过一个国家，对那里没有亲身体验和实地感受之前，不要轻易讨厌或批评。不要因为历史的原因戴有色眼镜去看待它，就像不要随便讨厌一个同学一样。不能因为这个同学跟你吵过一次架，就认定他是个坏人。憎恨会产生偏见，平心静气地观察，才容易发现别人的长处。”

世界很大，很多国家我们都还没有去过。但是，日本之旅后，我们再讨论家庭出游计划时，儿子会不时地把日本摆到第一位，而且要自己规划线路。他一直想按高木直子漫画书中的路线走一趟，心心念念要在樱花树下吃便当。

我说：“这个，真的可以有。”

现在一听有人去日本，爱吃日本米饭的儿子就很认真地要求：“能给我背一袋日本大米回来吗？”

《爱心树》：全家上阵“演”过的书

儿子刚上一年级，就像一头初生的牛犊，一个劲儿往前冲冲冲，班级组织的各项活动统统要“掺和”：运动会要不要报？报！学校组织的家庭亲情故事讲述大赛要不要参加？要！

他倒是痛快了，接下来，受累的是我们当爹娘的。

儿子在幼儿园表演需要亲子上阵的，一般派他爸出场，我当好后勤服好务就OK了。升小学后，娃这次报名，我也想按惯例，不巧的是他爹在接下来的一周先是出差，回来后又忙着加班，演出前的各种重担没人接手，我只好咬着牙顶上。

先定演出的剧目，儿子从学校推荐的书目中选了一本《爱心树》，手工达人他爸不在，我成了被赶上架的鸭子。儿子站着说话哪儿都用不着疼，他布置说：“妈妈，很简单，你拿个大纸箱子，挖两个洞当眼睛，再挖一个大洞当嘴巴，然后再粘点树枝树叶就行了。很简单！”

儿子嘴里很简单的活儿，我剪剪贴贴忙活了一整天才出了毛坯，抱着道具去学校跟娃预演参加班级筛选，原以为报的人很多，陪孩子玩个高兴就行了。没想到班里总共报了三个人，还有一个孩子因临时不愿意上台而退出了，这样班级报名的只剩下了两个，儿子是其中之一。之前在家里和儿子练过台词，但没好好排，动作也没设计，仓促上阵。好在道具和表演有创意，表演结束后班主任徐老师通知说，多争取了几个名额，一年级有五六个节目，我们是其中之一，将代表年级出战，但要求道具制作再精细点，要配音乐，还要设计动作。

用我妈的话说，就是捏瓜瓜捏成了大瓮。

幸好孩子他爸回来了，我松了口气。

先做一棵道具树，最简单的方法就是买做树的纸板圈起来，可惜遍寻不得；退而求其次，买了做树皮的皱皱的纸贴在表面，这样看来工程巨大。他爸琢磨了一下，用毛笔一挥，在纸板上画了树的纹理出来，效果挺好。接下来，做了树枝，买了塑料苹果当道具，还配了音乐；儿子的动作和台词，在学校被徐老师训练过又强调过。

真正上台表演是2011年的最后一天，地点在学校的报告厅，有舞台，音响也很好，前面的几个表演都配了台词，演员在台上只是对口型就行。我们家没经验，第一次全家上台，他爸除了制作道具，还剪辑好音乐，台词得现说，在舞台上又临时担任了旁白。我躲在树后，扮演爱心无限的大树，儿子就演一棵被大树爱上的小男孩。

以前根本不知道害怕怯场的儿子这次不知道怎么搞的，居然临阵拒绝报幕，理由是前面几个小朋友都没有报幕。表演只好在没有报幕的情况下默默开始，一直担心娃细声细气，声音太低，好在有话筒，声音还算勉强。

舞台上的儿子要从小男孩长大成为青年人，再变成老人，不同年龄段的造型有区别，长大靠戴墨镜穿西服造型，老了用戴个胡子表示，中间换服装和道具有老师帮忙。我躲在树后貌似轻松，其实任务也蛮重。一开始是一棵直立的树，没过多久就被锯断成了一个树墩，我就得蹲着，把自己藏在纸片做的树墩里。最后有个情节孩子还要坐在树墩上，好在娃知道我在里面，只是象征性坐坐，但一直蹲在树筒里也很难受。作为舞台上的一棵道具树，我从头到尾没太看清娃的具体动作，只听到台词都对，就算 OK。

演出结束下台，全家集体长出了一口气，坐在台下当观众，看完大家的演出，这才知道别的家长有多用心。他爸本来在电视台工作，上台前还觉得不好意思弄得太专业，看了别人的配备才感慨：早知道咱也该使劲搞搞。

我们辛苦制作的道具树刚演出完，就被高年级的家长借走当背景了，还跟我们商量想永久保留，被我拒绝了，自己辛辛苦苦做的，舍不得，我得留着，当纪念。

“妈妈，我们会拿奖吗？”演出结束，儿子一脸期待地问。

“拿不拿奖不重要，重要的是我们用心做完了一件事，自己觉得不错就行了。”现在看来，我这回答显然不是最佳答案。

“你能告诉妈妈为什么不肯报幕吗？”我开始复盘。

“是不是因为前面没有小朋友报幕？”猪队友比娃嘴快。

“嗯！”娃接腔。

“是不是还有点害怕？”他爸继续提供答案。

“嗯！舞台真可怕！”儿子说话时一脸惊恐。

我笑，一年级开学时，代表新生致辞，在操场上面对那么多人你都不害怕；暑假带你回老家，我们大学同学聚会时，你一直在舞台上走来走去要求表演，根本不知道这世界上有“害怕”两个字。现在怎么突然害怕了？

放学回家，儿子兴冲冲地给我一张证书，打开一看，《爱心树》获最佳道具创意奖，算是为这次全家出演画上了完美的句号。

我听到不少妈妈发愁，为什么娃读的书总记不住？

先抛开“读书是不是为了记住”这个容易撕裂的问题，就事论事，我的经验是没有比“演”书更让人记忆深刻的事情了，舞台大小没关系，在家里演演也好，演过的书，我乐观地认为孩子可以记一辈子。

4

PART

读书之用

“读书之用”一直是容易撕裂书友的话题，在抵达“见山不是山”之前，我们先要落在“见山是山”的境地，脚踏实地先落实读书之用，我只记录了一些从小到大，陪孩子读书的各种经历。从读黄永玉救急，到旅行买书，再到去听自己喜欢的作者讲座、签名。最近读高木直子的最新漫画书，虽然儿子有小小的失落，但对一路陪伴他长大的作者，还是希望，无论如何，她开心就好！

最近，儿子从台湾淘的几本台版书到家，支付的是昂贵的美元标注的邮费，拆开后，儿子像请神一样，捧着这几本书，恭恭敬敬捧到自己的房间。

阅读是有门槛的，读过和读懂之间差着十万八千里的云和月。年少时读过的一本书的某一句话，也许要等到人到中年的某一个时刻某一个场景，才突然泪流满面，读懂了它的真正含义。

有时候读懂一本书甚至需要一生的时间。

更可怕的是有的书穷其一生也未必能读懂。

敬畏图书，像敬畏生命那样。

读黄永玉救急！

孩子 8 岁，秋季开学没多久，有天早上，起床铃响过，看儿子校服也换好了，却迟迟没出来到餐厅吃早饭。

进他的卧室一看，发现他躲在高低床上铺的最里面，摸也不让我摸。

我以为没睡醒，想再赖会儿床。

没想到儿子说不是没睡醒，是不想去学校，不想上数学课。

我心里咯噔一声，后悔昨天把数学老师发的短信给他看了。

因为他想学着自我管理，所以平时不让我检查作业，更不让我辅导，一切自己搞掂。我觉得是好事，特别支持。可是数学老师在家长群里提醒家长要辅导一下孩子的数学，我拿出老师群发的短信来劝服他。

儿子当时就哭了。

因为我从小到大受数学的苦，兼之怀疑自己的遗传基因连累了下一代的歉意，所以对数学不好的孩子格外同情体贴，安慰了他好久。

没想到睡了一觉，恐惧的情绪不仅没有消退，而且还扩大到想要退却。

我当时听了赶紧安抚说："来，妈妈先抱抱。"

"不要！"儿子拒绝。

"早餐妈妈准备好了，削了苹果，昨天买的你爱吃的豆腐包，还有牛奶，要不，先吃了早餐再说？"我诱降。

"好！吃完早餐我再上床躺着，除非把数学课取消，要不我就不去学校。"儿子总算下床，但放出的话狠劲儿十足，蛮有种的样子。

我狠狠地抱了一把，使劲嗅了嗅他身上还没有完全消退的baby 味，还是很迷恋。

坐在餐桌边吃饭的时候，我开始小心翼翼绕道迂回。

你知道妈妈小时候数学有多糟吗？有一次数学考试妈妈都没有交卷子，因为不会的实在太多了，觉得太丢脸了。你现在比妈妈的数学不知道要好多少倍，你的数学已经很棒了！（吃饭的小家伙脸上有了点光彩）

你的数学肯定比妈妈好，你知道为什么吗？妈妈的数学虽然不好，但是爸爸的数学一直很棒。你很多地方像爸爸，所以你的数学肯定会好。（小家伙的背有点挺直了，脸色缓和下来）

你是不是做数学题时错了又改，改了又错，跟一次全做对的孩子比，你自己觉得很差劲？（对，我改了又改）所以，做作业要细心认真，慢不怕，准确率要高，一次就过，比改了又改是不是花的时间少些？（点头）

爸爸妈妈从来不拿你的成绩考核你。每次有假期几乎都带你出去玩，不管你考得好坏都带你去，对不对？我们家从来不拿孩子的成绩来奖励和惩罚，妈妈希望你能读万卷书，行万里路。所以你不要在乎成绩，不要在乎自己考得多糟，课堂只要跟得上，你努力过了就好。（继续点头）

妈妈昨晚看的书上正好有一位黄永玉，他爷爷讲给孩子的话，现在读给你听好不好？（还点头）

我开读：

“学堂那些书读下去是有用的，像盖房子砌墙脚。讲的是砌墙脚，不是盖房子。盖房子要靠以后不停读课外的书。有的读书人蠢，一辈子砌墙脚，一间房子都盖冇成。以后长大做事情，交朋友，有砌墙脚的学问，盖房子更多靠的是课外书的学问。——学堂读书，用不着天天想考第一。很费力，没哪样用，过得去就行。——这点道理爷爷讲的跟学堂不一样，爷爷是对的。你记得住吗？”

“我从来冇想过考第一！”序子赶紧解释。

“嗳！考第一也不怕。我讲的是不要为了考第一费力去考第一。”爷爷说。

“嗯！读了课外书，看到学堂课本的时候，显得浅！”序子讲。

（内容来自黄永玉《无愁河的浪荡汉子·朱雀城》）

阅读完毕，我开始引申发挥——

你看，黄永玉爷爷说考试分数是砌墙，盖房子要靠课外书。你读了那么多书，妈妈讲什么你都插得上嘴，连爸爸做节目你都插得上嘴，这时躺在沙发上睡回笼觉的爸爸突然高八度声音插话说：“什么叫插得上嘴，简直是帮得上忙。都能给爸爸找出资料、提供线索了。”（听爸爸说正在做有关犹太人的节目，儿子给找出来《以色列寻宝记》中的有关情节，还讲哭墙的历史。）

娃此时脸上隐约有了笑意了。

我继续发挥：每个孩子的长处都不一样，有的孩子体育课特别厉害，有的英语很强，还有的户外生存能力强。爸爸妈妈就你一个孩子，不管你的数学考得多不好，我们眼中你还是独一无二的这一个。你有自己的好多优点和强项。在爸爸妈妈眼里，你永远是最特别的。（娃使劲点头）

说到这里，再看起床前那个灰头土脸、不肯上学的孩子，现在脸上放松，自信的光彩又回来了，基本恢复了常态。我知道该收声，催促孩子上学走人了。

心里鞠躬感谢黄永玉用他爷爷的话替我讲道理，而且讲得那么好，救了我的急。

成绩好坏固然是一个标准，但不是唯一标准。如果让考得糟的孩子觉得自己一无是处，一败涂地，那他对学习只会感到恐惧和厌恶，很难产生兴趣。对每个孩子来说，只要能唤醒他们的自信心，让他们对课程产生兴趣，爱上学习，就是成功。

作为家长，我总试着在学校以分数为主的标准以外，努力给孩子建立一条家庭评判标准，让成绩不太突出，或者某一科学习困难的孩子，在家里重新捡拾自信，能直面在学校的困境，并努力找到解决的方法。

再说了，我这个当家长的，从小一直偏科到大，又怎么能要求孩子门门优秀呢？我遗传给娃的锅我先努力替娃背起。

拿到了“马亲王”的亲笔签名

很多妈妈有这样的担心：读书是静态的，孩子总是坐着、躺着、卧着读书，时间长了眼睛近视不说，人也会更宅了，不爱运动了；读成个“书呆子”，岂不坏哉？

其实，读书有各种各样的读法。除了读纸质书，还可以带着孩子参加他喜欢的作者的讲座和签售会。读其书，见其人，拿签名本，慢慢地往书籍小收藏家的路子上导引一下，也让困居一室的静态读书变得多样有趣起来。

马伯庸马亲王是儿子自己开辟的新作者，我倒是跟在人家后面翻看。马亲王来深圳南山书城签售的消息，也是他早早锁定，我陪着他追星。

儿子读马亲王是从《古董局中局》开始的，我赶紧给他买了《长安十二时辰》，可惜儿子没读完。

这两套书我曾经想跟，没跟动。等我准备步人家后尘时，儿子早就一骑绝尘，下架了《古董局中局》。

他在马亲王的讲座现场买了《显微镜下的大明》，马亲王知道他是初二生，在签名以外还贴心地写了“会考顺利”四个字。

儿子读完《显微镜下的大明》后觉得挺有趣，转手安利给我，可惜我还没有读完。他说书中讲了很多明代的各级官员和百姓之间的争执，如何打官司、怎么上诉，书中有很多真实的数据和历史，描写世俗化的生活，骂街、上街抗议、利用宗教信仰赚钱，等等，感觉相当开放。看这样的事例，感觉明代和现在的距离并不远。

在儿子眼中，马亲王是一个很好玩的作者，儿子关注了他的微博，觉得他不老派，贴近潮流，对时事的看法比较独到，还接年轻人的代言广告。喜欢这个人写的书，还喜欢作者，从书上到现实中，就像交了一个好友一样，真是开心的事情。

儿子觉得马亲王在某些方面跟罗永浩有点像，虽然老罗做手机的技术一般，现在直播的技术也一般，但在微博上起码是一个蛮有趣的人。

对藏书家来说，有一种是专门收藏签名本的，一些罕见难得的签名本更是价高不可攀。孩子读了书，去听作者的讲座，再拿到签名本，等于多开了一扇窗户，让他在闭户读书以外，多见识写书的人，听他讲讲书后面有趣的故事，对阅读来说，也有另外一种乐趣。

带儿子听讲座是从他很小的时候起就一直在做的事，没有刻意，只是大人要去听，孩子没人带，就带着孩子（孩子带着玩具）一起去现场，儿子基本是被迫陪听，陪的次数多了，慢慢就习惯了。

有一次深圳本地的儿童作家陈诗哥去他们学校讲座，讲座结束，儿子一个人冲上去扯了笔记本上一张空白纸，让陈诗哥签了一个名，回家后得意地拿给我看。我赶紧表扬，这才明白多年的耳濡目染，儿子显然已经上道了，知道讲座后签名是最后一个环节，哪怕没有带书，签张白纸也是必须的，绝对不可走过路过错过。

我们家楼下就有一所小学，我们却舍近不去，租了高价房给儿子择了另一所学校。这件事在我爸妈眼里简直就是瞎折腾，让我们不知道被他们骂过多少次。现在回头来看，我们选的学校真的是一所好学校，尤其是学校图书馆图书的书品和数量。儿子最喜欢的就是学校的图书馆，那里的藏书种类丰富，他很小的时候就读到关于生殖器的科普本，学会如何保护好自己。学校每周都有固定的阅读课，那是儿子最开心的时光。学校图书馆按年级分 4 个区块，儿子总是拿一本自己喜欢的书坐到初中部读，有时候阅读课结束了，他还偷偷带一本书回教室，读完后再偷偷还回去。

如果问我们给孩子择校有什么收获，答案就是阅读

儿子上的小学，李庆明校长带头强调阅读，整个学校都非常注重培养学生们的阅读风气。除了花样繁多、频次密集的全校阅读活动，每个班级还有自己精心策划的阅读计划。除此之外，学校隔三岔五就请全国各地的名作者或畅销书的插图作者来学校做专题讲座。如果问我们给孩子择校有什么收获，答案就是阅读。孩子在学校参与的阅读活动、聆听的名家讲座、培养的阅读习惯，对他自己和我们家长而言，绝对超值。

2011 年 11 月 6 日《不一样的卡梅拉》全球畅销 600 万册庆典在深圳举行，图书的绘图者克利斯提昂·艾利施，在活动结束后到儿子的学校做讲座和签售，儿子提前带了书去参加，听完讲座后不仅签了名还合了影。

北大李零教授来讲座，儿子不仅要听讲座更要合影。

有一次上海华东师范大学的陈子善老师来深圳做讲座，讲他收藏书的故事，提到了不少签名本的事情。虽然儿子也听了讲座合了影，但当时的他不管对张爱玲还是陈子善老师都觉得有点遥远。等今年他喜欢上张爱玲时，我把书架上方的张爱玲阵挪下来，放到醒目顺手的位置，顺便拿出陈子善老师的《张

爱玲丛考》。他翻开一看，上面写的是他的名字，陈老师还贴心地还写了一段话，他看后，直接欢呼雀跃了。

刘慈欣的《三体》和《球状闪电》是老熊一直安利儿子的，他开始看的是《球状闪电》，后来《三体》也被拔了草。刘慈欣来深圳书城举办讲座时，我们举家出动，陪儿子去追星。我们等到最后，除了签名，照例要合个影。这样的追星是一定要鼓励的。

有一天，儿子翻我的微信，突然惊呼：妈妈，你还有 ×× 的微信？我说：对啊，你也见过他，还和他合过影呢。不过那时候你还小，可能不记得了。儿子声调又提高一度：是吗？我好喜欢他关于读书的微博，我一直关注他的微博呢。

需要我把你推给他吗？让他加你的微信。

儿子翻看了一会儿后说："还是不要了，他微信和微博的内容差不多，不要打扰他了，我还是默默地关注他的微博就好了。"

我简直肃然起敬。

福尔摩斯？ NO！
我粉阿婆和日本推理作家

喜爱推理小说的读者有很多是从福尔摩斯入手的，包括后来黄金时期三大推理作家中唯一的女性作家阿加莎，俗称“阿婆”。BBC 的一系列改编剧作，更是直接引爆了阿婆笔下的波洛和马普尔小姐这两个 IP，再加上近年的三集短剧，尤其是《无人生还》，看得更是非常震撼，佩服阿婆的神奇笔力。

后来好莱坞改编的《大侦探福尔摩斯》，请出了饰演钢铁侠的小罗伯特·唐尼，匹配大帅哥裘德·洛演的华生，虽然替福尔摩斯圈了不少现代粉丝，可惜儿子不在其列。

福尔摩斯系列是我早就买好在书架上恭候的，儿子有点不太喜欢福尔摩斯的风格，翻过其中的一些故事，但他最后爱上的是阿婆。他觉得，早在很多年前，阿婆就将心理学应用在侦探小说写作上了，不仅领先一步，而且技术娴熟，写出了不少经典名作；很多优秀的侦探小说家都是她的后辈，以模仿她为荣，并争相在自己的作品中向她致敬。

阿婆的侦探小说可以分几个系列，侦探波洛系列是重头。波洛是一个脾气古怪的比利时男人，以他为主角的名篇不少——从《罗杰疑案》《尼罗河上的惨案》到鼎鼎大名被一再翻拍的《东方快车谋杀案》。《罗杰疑案》据说是阿婆的成名作。故事的讲述者谢泼德医生充当着《福尔摩斯》中华生医生的角色，一直尽心尽力协助波洛追查线索，直到结局，他的真实身份才被揭开，他就是凶手。大侦探的搭档是凶手，并让读者跟着他的视角一点点抽丝剥茧，直到真相大白。这样的写法是前所未有的，阿婆设计情节和塑造人物的功力，以及对人性的透彻揭示，让人读起来相当过瘾。儿子觉得东野圭吾的《恶意》采用了近似的叙述手法，应该是致敬阿婆吧。

《尼罗河上的惨案》也是，真相一直在你眼前，作者用蒙太奇的手法剪辑的时间线，并没有刻意掩盖什么，但你一直也想不到答案。包括《东方快车谋杀案》也是，每个人都有合理的动机，但是不到最后一刻，你永远猜不到凶手是谁，是哪一个，还是哪一些？你仿佛触及到了真相，其实不然，阿婆一开始用障眼法欺骗读者，后来发现剧中几乎每个人都在撒谎，直到最后揭晓这是一桩集体谋杀案时，所有的观众这才发现被欺骗的是自己。整个过程中答案一直摆在你眼前，但你就是想不到，或者说不敢想。

《ABC 谋杀案》中阿婆把三桩看似不相关的案件串联在一起，读者在随机性杀人和有预谋的杀人间左右徘徊。

儿子说波洛系列里他最喜欢的是《尼罗河上的惨案》，里面的诡计非常经典。他先看电影后看小说，他觉得电影很有新意，把每个人的心理（动机、不在场证明）都联结起来。故事一开始用了障眼法，每个人都有动机，都有合理的不在场证明，但凶手是你想不到的那些人。

阿婆在最后一案《帷幕》中让主角波洛死掉了，作家写死了她一手创造的男主，一路追踪波洛系列的读者见证了波洛的辉煌和终结，这一次他回到了自己办第一个案件的地方。主角死亡，意味着这个系列的终结。波洛在《帷幕》中最后用一封信揭示了结局，透露了作案手法和动机，手法非常经典，人物心理变化写得非常巧妙。

阿婆的马普尔系列，写的是一位独居于乡村、终生未婚、极具推理天赋的老小姐，如何在日常的“闲聊”中侦破谜案。马普尔小姐性格保守、古怪又可爱。她在乡下游走于各种各样的人性和伦理之间。这个系列儿子最喜欢的是《死亡草》，阿婆学过医药学，对各种毒药熟悉，她把这个技能赋予了马普尔小姐，这个系列案件中的杀人凶器，除了一两起案件用了枪和匕首，其他几乎都是各种出人意料的毒药。

《无人生还》不属于波洛系列和马普尔系列，它属于经典的“暴风雪山庄”③和“童谣杀人”④类型，之后有非常多的作家向它致敬，如东野圭吾的《大雪中的山庄》《白马山庄谜案》，绫辻行人的《十角馆事件》《雾越邸暴雪谜案》等。

《无人生还》讲的是8个素不相识的人受邀来到海岛上，接待他们的是管家罗杰斯夫妇。晚餐时，餐厅里的留声机忽然响起，指控宾客以及管家夫妇这10人都犯有谋杀罪，接着来宾之一突然死亡，噩梦从此开始。每个人死亡的方式都与那首10个士兵的歌谣相对应，直到岛上空无一人。

对于这本书，儿子认为其中的凶手是很好猜的，悬念在于作案手法和动机，以及每个人背后的故事。这10个人都是手

---

③ 暴风雪山庄：是推理文学中一种常见的情节模式，又称“孤岛模式”。一群人因暴风雪被困于山庄、密室、孤岛中，既无法与外界联络，也无法离开，而成员们先后离奇死亡。“暴风雪山庄”模式具有封闭、孤立的特点，在案件发生之后，外部干预（如警察）无法介入，且封闭环境内条件有限，很多高端技术（如指纹识别等）无法使用，破案只能依靠纯推理。阿加莎在《无人生还》中开创了这个模式。

④ 童谣杀人：指推理文学中一种常见的情节模式，是“比拟杀人”的一种特例，即推出一首童谣、诗歌或歌曲，其每一句指代一个人物，这些人物按句子顺序逐一被杀。美国侦探小说作家范·达因的代表作《主教杀人事件》（1929）中首次出现这一模式，阿加莎的《无人生还》（1939）则成为这一模式的里程碑式作品。

沾鲜血的罪人，都侥幸逃脱了法律的制裁，包括凶手。凶手曾是法官，他策划并执行了这个案件，把那9个逃脱法网的犯人一一处决，他也知道自己的罪过，最后他在开枪自杀前制造出他杀现场，以示自己也被裁决。他审判了岛上所有的人，包括他自己。

儿子觉得：法官没有自以为是，站在道德的制高点，他清楚自己的欲望和罪恶，不仅冷静地审判所有人，也审判他自己；法律就像一道光，要照到每一个人，但总有照不到的地方；书里这个曾经的法官、本案的凶手，其实是想让自己成为一道光，照亮自己的阴暗面，也照亮法律没有照到的灰色地带。

听儿子发表《无人生还》的读后感时，我想到的居然是，小时候陪他读过的那本哲学漫画书——《好和坏，是什么？》，书中的第一个问题就是：你能偷东西吃吗？

现在翻开来看，这个问题的总结页上写道：

小朋友，问你这个问题，是想告诉你……

……想一想，法律对于我们生活的社会有什么意义和价值？

……有时候，某些事情并不能同时满足“公正”“好”和“合法”。

……这个世界有时候是不公平的。

……法律可能会有问题，但是这些问题是可以克服的。

在这本漫画书中，作者用正反两面的意见把法律的优缺点都摊开来，告诉小朋友：法律不是万能的，有时候法律不能保护社会上所有的人，或是特别保护某一个人。

阿加莎在《无人生还》这一凶杀案里，讲述的何尝不是这个道理？小说看完了，但是追究并没有结束：作为罪犯之一的法官，就算你最后杀死了自己，但你有权力私自审判并杀死那 9 个人吗？

儿子说，看完《无人生还》，他想起了耶稣和妇人的故事：众人拿住行淫的妇人，来找耶稣，照摩西律法，这样的妇人应该用石头打死；耶稣对众人说，你们中间谁是没有罪的，谁就可以先拿石头打她；人们听见这话，全都退缩了。

儿子觉得阿加莎应该听说过《圣经新约》中这个耶稣的故事，但是阿加莎显然走得更远。

“人在书中读到的东西，往往在 10 年后才领悟”

台湾作家朱天衣曾经说过，“人在书中读到的东西，往往在 10 年后才领悟”。粗算下来，儿子从读哲学漫画，初次接受法律启蒙，到自己读完《无人生还》跟我们讨论法外的正义，差不多正好是10年时光。

我不敢妄自揣测长大后读《无人生还》的儿子，会想起小时候读这本哲学漫画的触动，但这两本相隔10年的书之间，关于法律的探讨却是一脉相承，可以接续的。

我可以确信的是，有的书，需要一辈子的时间才能读懂。

儿子有一段时间对法律大感兴趣，前不久走红的罗翔老师本来是儿子秘而不宣的偶像，他在B站找到了罗翔老师的刑法课，默默地跟着上完后，吐血推荐给我们。可惜我们两个人各有各忙，没有跟进。等到罗翔突然走红后，我反过来把罗翔推荐给儿子，结果被他嘲笑说："我推荐给你们的就是罗翔老师啊，只是你们不信我，等他成网红了，你们才肯关注。" 我听了，几乎要掩面而去。儿子说："罗翔老师走红，我心情有点复杂。一方面是觉得我的私家老师被大家分享了，有点失落；另一方面又替罗翔老师高兴，觉得他配得上这么多人的喜欢。"

两年前深圳第一届书展，全家三人和朋友家三口结伴而去，进去后一转眼就各走各路。

逛到新星出版社，我发现有阿婆的自传，拍封面发到了全家群，没过多久，儿子迅速要求我发定位和我会合，可见阿婆的魅力。

读书的孩子同时也爱电影。不过我慢慢发现，他其实是典型的文本派，我以为看动画片长大的图像时代的孩子，对文字

天涯过客
大象的证词
Agatha Christie
底牌
Agatha Christie
ABC谋杀案
Agatha Christie
云中命案
Agatha Christie
阳光下的
罪恶
Agatha Christie
AN AUTOBIOGRAPHY
阿加莎·克里斯蒂自传
帷幕
Agatha Christie
牙医谋杀案
Agatha Christie
四魔头
罗杰疑案
Agatha Christie
阿加莎·克里斯蒂作品50
零点
Agatha Christie

儿子藏书中的“阿婆系列”

的感情应该不如对影视的深刻，没想到他对文字的感情蛮深厚。先看阿加莎的《东方快车谋杀案》，再看改编的电影，电影中的 bug 和改编的弱项，他会一二三罗列清楚。

日本文学，我们那一代看的是川端康成、夏目漱石、谷崎润一郎、大江健三郎，儿子这一代从东野圭吾到乙一，从获第 3 届本格推理小说大奖的《GOTH 断掌事件》到短篇小说集《动物园》，跟着儿子读了一下，残酷黑暗下包裹着温情，虽然有一丝暖意，但暗黑的狠稳准还是令人有强烈的不适感。

日本的东野圭吾这几年一直占据各书店畅销书的核心位置，儿子一本接一本往家买，一个字“迷”，迷到一定程度后，物极必反，走向反面，慢慢地从书架上清退。他觉得东野圭吾写了几百本书，后来套路化了，阿婆也写了上百本书，但目前读过的阿婆的小说还没有套路化，比起来，阿婆显然技高一筹。

儿子觉得东野圭吾属本格推理，现在很多作品在模板化、模式化。《恶意》从头到尾在欺骗读者，其实写的是人性的复杂，人性的恶，推理的部分倒是很少。值得一提的是东野圭吾的《虚无的十字架》，当时网上普遍评价不高，读了以后他吃了一惊，这部小说探讨了死刑的必要性和实施范围。他以前对死刑拥有最朴素的情感，认为杀人偿命是天经地义的；而东野圭吾用这篇小说，用一则事件，就把他认为理所当然的事情推翻了。他觉得这部作品的有些情节过于戏剧化了，推理性不高，但确实是为他打开了新世界的一道大门，他以前从来没有站在对立面思考过死刑的问题，他之前读过的作品中也没有作者涉及这个话题，这在他的个人阅读史上是开创性的。

宫部美雪作为日本推理女王，她的《所罗门的伪证》3本一套，儿子读了两本。这套书由少年校园自杀事件扯出一系列的社会问题。儿子觉得宫部美雪是一个社会派作家，关注的都是社会问题；像《火车》就跟信用卡偿还有关，银行不断给还不起信用卡的人发放更多的信用卡，最后导致一系列事件。

日本新锐小说家乙一属于变格推理派，有许多超出常理的推理，猎奇而又黑暗，儿子更喜欢短篇小说，所以对乙一格外看好，他推荐我看过乙一的短篇小说集《动物园》。

“新本格派小说的开山鼻祖”岛田庄司的《占星术杀人魔法》和《异邦骑士》也是他的架上贵宾。

我查看了一下儿子的书架，除了阿婆的系列独占一格，日本推理小说各家各派都在书架上聚集着，非常醒目。

儿子说，现在很多人认为推理小说就是猎奇、变态、凶杀，其实不是的。像东野圭吾一类的作家，更多探讨悲剧为何会发生，如何制止悲剧的发生。悲剧往往是受到社会压迫、社会制度的影响，包括宫部美雪和松本清张，他们被誉为“社会派推理作家”。“社会派推理小说”注重对人性的描绘与剖析，直面各种尖锐的社会问题。有的把故事放在“二战”的大背景下，探索战争对人性的摧残；有的探讨日本的死刑制度是否合理；还有的关注日本男权对女性的压迫；还有一些年轻的推理小说家深入揭开校园霸凌的内幕……推理小说在他们的笔下变得更加厚重，犯罪的社会背景、深层原因被一一揭开。

爱上太宰治
是青春期的另一种扮酷

青春期的孩子们，谁的书包里没有几本太宰治？

忽如一夜春风来，“丧文化”在学生圈子里变得非常流行，很多书店的C位被太宰治的《人间失格》“霸占”着。太宰治成了标志性人物，不少孩子的QQ、微信头像喜欢用太宰治的漫画形象，好多孩子的QQ空间和微博，也变成了太宰治的金句聚集地，标榜着另类的颓废、个性。那句全网流行的“生而为人，我很抱歉”，其实并不是太宰治的原创，他引用了日本俳句诗人寺内寿太郎的句子，传着传着，就被归为太宰治的原创了。

有的家长顺藤摸瓜看了太宰治的作品后，气得要命，不明白这样的小说为什么要翻译，要引进，更可气的是太宰治的《人间失格》还被书店摆在核心位置。在有的家长看来，这样的书应该统统下架销毁才对。《人间失格》几乎就是沉溺在酒精和情色之间的样板，对于没有免疫力的青春期孩子来说，弄不好就是一服有毒的诱剂。

太宰治在39岁生日当天自杀身亡，这已经是他人生中的第5次自杀，也是最后一次。在家长眼里，这样不爱惜生命的人实在是一个坏榜样，喜欢太宰治还不如喜欢爱跑步、积极向上、有点小资情调的村上春树呢！但是青春期孩子的喜欢，有几个家长可以左右得了呢？

儿子书架上的太宰治作品有好几本，从《人间失格》到《御伽草纸》，再到《斜阳》《跑吧！梅洛斯》。我询问他和太宰治是如何结缘的，他眼中的太宰治是怎么样的，以及为什么那么多青春期的孩子会喜欢太宰治？

儿子说，太宰治的书中有一种骨子里的悲哀，有点像郁达夫，是典型的颓废青年、苦闷青年；两者的作品写的都是知识青年对家庭的叛逆，都在表达苦恼、自卑、苦闷，但他更喜欢郁达夫的《春风沉醉的晚上》和《沉沦》。

他结识太宰治是从《御伽草纸》开始的，一来是他喜欢读短篇，二来这本书是太宰治对日本民间鬼怪故事重新改编之后，就成了他自己的故事。日本的民间故事常常有一种非常奇特的逻辑，比如著名的浦岛太郎，明明做了好事，却被戏弄，导致回到人间后，发现时间已经过去了几百年，无奈只能打开从海底宫殿带出来、被叮嘱绝对不能打开的盒子，结果把年轻的自己变成了老爷爷。这种风格跟中国的传统故事不同，中国的民间故事是“善恶终有报”的概念，日本的民间故事则是人类自始至终只是被神灵戏弄的一颗棋子，有一种很深的无力感，太宰治的《御伽草纸》里有很多类似的故事。

我后来重读太宰治的《人间失格》，确实看懂了之前没有get到的点。

年轻人喜欢标榜自己的个性，急切地脱离老一辈对他们的期望和要求，要酷要与众不同，“丧”是一种标榜和态度，而太宰治正好符合这种需求，于是幸运地被青年人选中。

儿子觉得很多同龄人喜欢用流行文化来表达自己，接触太宰治有可能是为了炫耀，有的根本不看书，只是摘录太宰治的金句来包装自己；还有的借用太宰治满不在乎的态度来掩饰内心的焦虑不安。

我听了一惊：“那应该推荐他们看看塞林格的《麦田里的守望者》。”

“噢？理由呢？”

“写青春期的胆怯，尤其是表面上的虚张声势和内心里的恐惧的，没有比塞林格的这本名作再入骨的了。”

“嗯，那我觉得我可以看看。”

在开封遇见纳博科夫

2019 年暑假带娃河南行，逛开封书店街时，才真切感受到什么叫名不副实。这条街与日本东京神田书街齐名，号称“世界两大古街”，其实街上早就没什么书店了，两边的小店也没有多少特色。当时正值盛夏午后，天热人乏，幸好有一家新华书店，里面冷气十足，进去一看发现还有特价书专柜，这才来了一点兴致，挑挑拣拣，买了十几本。

儿子挑中一本纳博科夫的《黑暗中的笑声》，我看到乐了。

人和书其实就像人和人一样，也是讲缘分的。纳博科夫是我们家的贵客，他的书一直盘踞在我们家的书架上。他是我喜爱的台湾作家唐诺频频提到的阅读和写作高手，他的作品我断断续续读过。纳博科夫被誉为“作家中的作家”，我觉得 14 岁的少年还远没到够得上读纳博科夫的段位。没想到在开封，儿子居然跟他对上眼了。

认真想了一下，其实这次相遇偶然中也有几分必然，因为

《黑暗中的笑声》是纳博科夫模仿通俗小说写法所作的一部小说，并不难懂，或者说很通俗。儿子读完后觉得这本小说其实在写人类的欲望，以及人类为了实现自己的欲望，失去了什么，又得到了什么。这个主题跟他喜欢的娄烨的电影有点像。他认为娄烨一直在拍人的各种欲望，比如《风中有朵雨做的云》和《推拿》都是在关注不同人、不同级别的欲望。

儿子认为，人类之所以活着，之所以可以将生活进行下去，就是因为欲望的存在；反观现在一些专家学者视欲望为禁区的观点，尤其是对青春期孩子们穿衣打扮、性探索、游戏等欲望的否定和遏制，有点可怕。

儿子说，很多书的封面设计不好，没有展现出作品原本的特色，不是很喜欢。他想买这本《黑暗中的笑声》，是因为它的封面设计非常好，看上去就有购买和收藏的欲望。俗话说："看报看题，买书看皮。"看来，好的封面设计真的能增加书的销量。儿子说，《黑暗中的笑声》很好地写出了人的欲望，以及探究为了欲望能做出什么、放弃什么；人想要的，总会越来越多，最终让事情失控，注定悲剧结尾。

现在书的腰封上动辄出现"世纪伟大作家""人生值得一看的书""某某某倾情推荐"，感觉就是使劲儿吆喝，借着名人的光环推荐。儿子觉得没有必要，他同意止庵先生的观点——我喜欢的书你不一定喜欢，没必要推荐来推荐去的，很多时候读名著是非常保险的选择。止庵还说过，一本书读不下去就别读，说不定什么时候孩子有了兴趣就会看。很多家长逼着孩子从小读四大名著，会让孩子产生逆反心理，使读书被孩子视作负担，而读书从来不应该是一件让孩子产生压力的事情。

说到几乎成为图书标配的腰封，儿子觉得是一个鸡肋，没有必要存在。

还好，这本《黑暗中的笑声》没有腰封。

知道纳博科夫的人，谁不知道他写过一本《洛丽塔》呢？《洛丽塔》作为电影导演热爱的题材，一再被翻拍，"老少恋"的题材，既通俗又猎奇。但有多少人读懂了《洛丽塔》呢？这是另外一个话题了，且按下不表。

在我们家的旅行清单上，逛书店一直是非常重要的一项。

去南京旅行时，当然要去先锋书店打卡。我们去的是南京体育馆地下号称"最美的先锋书店"的那家。当时孩子三四岁，歪着头，以大大的十字架为背景留了影。对当时的小朋友来说，逛书店是切实落实到"逛"上的，他在那条长长的坡道上不知疲倦地来来去去，书没看多少，反倒是四处乱窜，自己一个人玩得无比开心。

我当时感叹，一个好的书店，首先空间一定要足够大，能让小朋友来回溜达，如果还能多出一条坡道，那简直是惊喜，在孩童眼里，几乎就等于是游乐场了；其次，不管书店的外部建筑样式还是内部陈设布置，都要有美感，营造出美术馆的感觉。这样的书店里，孩子有活动的空间，能待住，大人就可以安心坐下来挑书读书。现在回想起来，在南京游玩的行程中，先锋书店这一站真是我们一家大小放松心情、给身体充电的好场所。

2020年5月31日，全球首家24小时营业的诚品书店在台北敦南店结业，当天有5万人次的读者到店与它告别。读这则新闻时我深有感触，因为我们一家三口2013年去这里打过卡，当时儿子8岁。

24小时营业的诚品敦南店，是我们台湾环岛游的最后一个打卡地，当晚抵达台北过夜，第二天一大早就要坐上返深圳航班。我们从九份回到台北时，已经天黑，赶到永康街吃完牛肉面，回到酒店已将近10点。当时，同行的另外两家人都累得人困马乏不肯再挪窝，我们本来担心一直喊累的儿子也不肯出门，没想到他一听逛书店，火速麻利地跟我们起身出发。

到了24小时诚品书店，我们先找儿童部，刚进去店员就提醒我们，儿童部11点要关门。看了看表，离关门不到10分钟了，儿子眼快手也不慢，火速挑了最新的三本《寻宝记》，我们利落买单，迅速撤出。小伙子抱着他的新书跟我们进入书店的24小时大卖场，找到一块安静的地方，席地而坐，埋头翻看他的新书，说任由我们随意逛。

带儿子去香港除了一年一度必逛的书展，平时去香港，一般大商场里都有匹配的书店，一定要全家去打卡买几本书才算香港行的收尾。

从台湾回来后，我们一家三口接力到2012年开张的香港铜锣湾诚品书店踩点，没想到，我在台湾诚品办的积分卡，在这里还可以继续积分，相当友好。

逛完后，集体去诚品对面的铜锣湾二楼书店，这个小店新书统统8折，买得更划算。

2018年，深圳的诚品生活开张以后，13岁的儿子成了那里的常客，每次去总会一本两本往回买。不少年轻人视港台竖版繁体字为畏途，觉得读得别扭，容易串行，速度也快不起来。儿子因为从小看竖排的港台版书籍，读来毫无障碍，甚至因为港台版优异的设计和纸质爱上了港台版，买书优先港台版。我一方面心疼银子，另一方面积极进行自我心理建设，鼓励儿子好书值得买，好的实体书店应该支持。

海明威的书我们家买了不少，儿子从深圳的诚品生活买回了好几本自己喜欢的、不同版本的海明威作品。他说他喜欢海明威的作品里的迷惘，“不同年龄的迷惘，迷惘的一代，书中的人物总有一种危机感，从青年危机、中年危机到老年危机，最后真的只能像被反复锤打到麻木的牛一样，一动不动、一声不吭”（儿子说，这句话是王小波说的）。

有一天，儿子问我找张爱玲翻译的《老人与海》，我“哟嗬”了一声，夸奖说“都上升到研究版本的范畴了”。儿子平静接腔说：“是要完成学校布置的作业。”这时候的他已经读了好几本张爱玲的小说，自动进入“张迷”队列了。

2019年，14岁的儿子开始跟着爸爸专程去香港西洋菜街的二楼书店淘书，买没有删节打框框的《阿城文集》。没隔多久，他就独自去了，逛了好几家书店，给我和他爸淘到了我们要的书，自己想买的一本书因为预算不够，也没声张，当了回毫不利己、专门利人的“活雷锋”。

儿子曾买过鲁迅翻译的芥川龙之介的《罗生门短篇小说集》，腰封上有一句话“芥川的伟大非鲁迅译不出”。他读后觉得：恰恰相反，芥川的伟大正是鲁迅译不出的。鲁迅习惯直译，他的翻译喜欢把原文一字不动译过来，很多时候并不通顺，让人读得一头雾水。比较起来，张爱玲的翻译则是译到心坎里去了，就像她用自己的语言把这本书重新组装了一遍，读来十分愉快。

我听了，频频点头。

德国最重要的存在主义哲学家之一雅斯贝尔斯说：“教育就是一棵树摇动另一棵树，一朵云推动另一朵云，一个灵魂唤醒另一个灵魂。”

我觉得儿子的阅读也是：一本书摇动另一本书，一个作家带来又一个作家，一个灵魂带领认识更多灵魂。

原来爸爸讲的那些道理都来自阿城

我们书架上的书儿子小时候经常乱翻乱动，尤其喜欢把李泽厚的书从书架搞到地上，长大后却很少碰。我稍微琢磨了一下，可能他觉得自己书架上的书可以自足，所以看到我们客厅和书房集体书架上的书才会目不斜视，心无旁骛。

现在他的房间有两个书架，原来楼道里的两个书架也被他统一收回房间，摆成了一个 T 字造型。书架上的书在他手下像升级版乐高一样，一段时间按作者排序，一段时间按封面颜色布阵，变化多端。

不过最近，他经常从大书架上搬书到他的小书架，也开通管道接纳我们推荐的作家。

阿城是从家庭大书架流动到他个人书架的第一位大咖。

不过，儿子说他结识阿城，最早是初一时，借同学的书看了阿城的短篇小说合集，忘了是哪个出版社出的，也有可能是盗版的，封面很 low。之后爸爸推荐了《常识与通识》，他顺路看了《闲话闲说》《棋王》《树王》《孩子王》，又把阿城早期的《遍地风流》也看了。他爸说，如果想学着写文章，可以从这本《遍地风流》学起。

常识是孩子爸爸一直强调的东西，阿城的那本薄薄的《常识与通识》中的文章，最早是在《收获》杂志上连载，追看完后收在集子里，成了我们家隔三岔五要拿出来复习一下的知识性普及读物。

比如——

思乡，其实是你胃里的蛋白酶在作怪。

而爱情不过是一种化学反应，意乱情迷是适量的多巴胺在起作用。

人脑由三层脑叠加而成，基础是爬虫类脑，下视丘有进食中枢和拒食中枢，有一位朋友脑受伤后，影响到“拒食中心”，进食没有了节制。

情感中枢的嗅脑部分有杏仁核和海马回。杏仁核就是第一时间的本能反应，负责情绪，根本不过脑，用专业词汇形容是指“认知前的情绪”，往往失之草率。海马回则是对比各种信息后做出的决定与处理。

你的杏仁核会让你在第一时间本性毕露，而你的海马回总是慢一拍。

诸如此类。

从香港跟爸爸淘回阿城的文集后，儿子直接把新书摆到了自己的书架上，过两天后，他在饭桌上发表读后感："原来爸爸给我讲的好多东西都来自阿城。"

爸爸的知识来路被儿子窥见了，索性让他一股脑把阿城请上去，直接对接，慢慢消化。

《棋王》《孩子王》《树王》"三王"看完后，爸爸给他讲《棋王》中阿城最大的能耐是很少用形容词，一直用动词，而且用得精准到位。

儿子觉得，《树王》中的主角有一种理想主义色彩，而《孩子王》讲的是一种不平和反抗。儿子接着说："在《孩子王》中，作为孩子王的乡村教师，外号'老杆儿'，他对知识的极度倚重、他与乡村的格格不入，都注定他要被淘汰。最后他被学校开除，反倒浑身轻松。他在山村小学教孩子们认字，有两个孩子一直在抄字典。临走的时候，这个孩子王留下了两样东西。一样是床上铺的竹笆，上一任老师走的时候带走了竹笆，他只好把自己原来的竹笆带了来，但他临走的时候没有带走，而是留下了；另一样就是他给王福和来娣留下了《新华字典》，好像在暗夜里留下了一点微光。”

这下子，阿城成了我们家的集体偶像，饭桌上就会聊阿城知识庞杂，动手能力极强，能组装老爷车，卖个好价钱，能教钢琴，还能做各种道具，田壮壮的《小城之春》，侯孝贤的《刺杀聂隐娘》都是请阿城负责道具，侯孝贤搞不掂的大唐风范如何落地，阿城统统妙手解决。

阿城文字好，人通透，见多识广，用大白话写作，又不端着，极具亲和力。

儿子说，阿城在《遍地风流》里《平反》的结尾处，描写被划成右派的老母有机会平反，她却不同意时，处理手法着实是大将风范——

里屋不太隔音。吃饭铃响了，就听见老母的声音：我说了，我就是右派，无反可平。右派是一个派，左派也应该是一个派嘛，也许人数上多一点。

老母出来了，一边儿拿自己的碗，一边儿问，谁要带饭？

《大风》里被下放农场的三位编辑，其中一位因为认真捣粪干受到了表扬，激励其他两个人更认真。《大风》的最后这样写道——

起风了，突然就很大。粪都在天上。老吴，老齐，老孙，猪，狗，都望着天上。他们觉得，好久没有抬头看过什么了。

娃说，这是他看过的最好的小说结尾，没有之一。

儿子觉得——

阿城的农场不同于杨绛的劳改记忆，他的口吻比较欢快；

阿城和同时期的作家不同，用的是一种很有意思的写法，但他的文章里能读出时代的悲哀。

我问："现在的作家里你最想参加谁的签售会？"

娃答："阿城。"

又问："那已故的作家呢？"

又答："张爱玲。"

治愈系漫画家高木直子：从小读到大

现在快递到了，得问是谁的？

一家三口各买各的书，各下各的单，回来的时候互相欣赏打量一下，知会一声，有时也互相借看。

这次到的是儿子的书，打开看有一本是高木直子的新书《两个人的头两年》。儿子高兴地说，高木老师不仅结婚了，还生了孩子，当了妈妈。

书的腰封上印着四个大红字“结婚生子”，还跟着两个红色的粗粗的感叹号，看着喜气四溢。

我赶紧讨过来，扣在手里跟儿子商量，妈妈先看看好吗？我看书很快的。

儿子笑着出让。

“无论如何，她开心就好。”

高木直子是日本暖心治愈系作家，儿子喜欢上高木直子是从小学开始的—— 一本接一本往家买，有一次在香港书展看到新出的几本，一把拿起再不撒手，我一边换算买一本昂贵的港版书在内地能买几本，一边咬着牙刷卡买单。

我们搬过几次家，儿子淘汰了一批又一批的书，下手相当狠，像一个铁面无丝的冷血人，一开始爱到不行，看完后，丢掉时连眼睛都不眨。而高木直子幸运地从小学到今年升高中，一直都在儿子的书架上稳占一格。在高木直子的漫画书队伍中有港台版，有内地版，有的书封面明显翻破了，仍被珍而重之列在队中。这么多年过后，高木直子的漫画书不仅一本舍不得散，还继续买她的新书，可想而知，这个老友关系有多铁。

只不过娘俩看完高木直子的新书后，感受截然不同。

我眼见得一个熟悉的有才华有情趣的大龄女修成正果，不仅找到另一半结了婚，还迅速升级当了妈，满意地露出了非常纯正的老阿姨式的微笑。

儿子却悻悻然，觉得这本新书没意思。

他以前喜欢高木直子，觉得她一个人很早去东京打拼，一直坚持自己的漫画梦想；最早她跟姐姐合住，后来搬出来住在非常小的公寓里面，一住就是10年多；床就摆在煤气灶旁边，穷到每餐只能吃方便面和很便宜的米，或者到超市买半价的生鱼片，就着便宜啤酒喝，有时加热冷冻白饭，就是一餐；父母到东京来看她还得赞助她零花钱；她在几乎晒不到太阳的阳台上种生态鱼缸，虽然后来以悲剧收场，但是苦中作乐，一直不放弃；她一路打工、旅行，还报名跑马拉松，这些都以绘本的形式画了出来；作为生长于小乡村的女性，她勇敢地到大都市东京追逐梦想，靠手中的一支笔，做自己喜欢的工作，从一开始的只能将就度日，到后来过上了高品质生活，她真正地改变了自己的命运，非常励志。

儿子说："从一开始的《一个人上东京》，到《一个人住第五年》，再到《一个人住第九年》《一个人住第几年》，总感觉她好像可以这么一直一个人过下去，不仅过得很好，而且会过得很开心。

"可是，没想到高木老师也脱离不了日本的传统思维。以前她在书里提到弟弟比她小，已经结婚生子；父母也想要个孙子孙女，多少流露出她想结婚生子的念头。在这本新书里，她一直在说两个人很快乐，一个人不快乐，好像以前一个人的快乐是假的。还有一个细节是在搬家的时候，她把以前用的家具全扔了，看着心痛，感觉她在彻底否定以前的生活。

"另外，新书里处处流露出一种40岁后人到中年的危机感，她急切地想要一个孩子。”

儿子说，他现在不太能理解这种心理，并不是评价她的对错，只是觉得很难过，因为以后不会再有类似《一个人的美食跑跑跑》或者《一个人去旅行》的系列了，肯定会变成《一家三口去旅行》。

儿子觉得，日本是一个对女性不太友好的国家，日本许多女性结婚后，就会为了家庭放弃自己的事业；但现在都 2020 年了，现代女性完全可以按自己的意愿生活；可是看了高木老师的新书后，他甚至怀疑高木老师也可能会因为家庭而退出工作，最可惜的是这样就再也看不到她的新书了。

不过儿子还是想得开，他说：“无论如何，她开心就好。”

既可“抄袭”，也可“照搬”，还能“导览”

儿子有一次在学校写作文，改头换面抄了高木直子漫画中的一个故事，得了高分，还被老师表扬了。老师没有读过高木直子，但有的同学读过，下了课问他：“你的作文怎么和高木直子的一个故事有点像，是不是从那里‘抄’的？”他笑着承认了，回来也坦白告知。

我先看了他的作文，又让他拿出高木直子的漫画故事对照了一下，还是表扬了他。表扬的理由是，娃的记忆力太好了，细节抄得几乎丝毫不差，因为作文是在学校写的，是凭记忆盲抄。我平时让娃背课文、背古诗，他总是扭捏着不太情愿。高木直子的漫画书只是纯治愈的漫画，我从来没有要求他背过，没想到书到用时，人家记得这么牢，用得这么好。我觉得喜爱真是最好的老师，还有孩子的记忆真的让人羡慕，这样的背诵式抄袭还是值得鼓励的。

高木直子的漫画中，儿子最喜欢的是吃系列，《一个人的美食跑跑跑》及番外篇一共2本，除此之外，还有《一个人吃太饱》《一个人和麻吉吃到饱》《不靠谱的饭菜》《肚子饿万岁》《节日万岁》。吃是高木直子漫画的主题之一，也是儿子这个小吃货爱上高木直子的理由之一。

除此之外，还有旅行系列，《一个人去旅行》分一年级生和二年级生，《一个人漂泊的日子》2册，《一个人暖呼呼》是高木直子的铁道温泉秘境。一个人住，宠物自然是少不了的，《我和狗狗的16年》相当治愈。翻开《一个人的幸福手作》，看一个笨女孩笨手笨脚尝试的快乐，可以依葫芦画瓢。

儿子说，他最喜欢的，还是高木直子的“一个人”系列和她回忆小时候的故事。这多少让我有点意外，按说一个日本女孩子的独立生活日记，和中国小学生之间能有多少交集呢？我认真琢磨了一下，想到孩子始终是一个独立的个体，虽然父母在身边，但所有一个人要经历和面对的事情，也还是要独自面对的，或者说好多小事情、小情绪、小疙瘩，他不可能事事跟我们说，或者跟我们说了，我们也未必能安慰到点子上。他需要自己学着化解。这时候，高木直子就是一个很好的知心姐姐了，虽然两个人身处的环境和面对的问题不同，但需要处理的情绪差不多一样，有低落，有误解，有气馁，情绪有交集，处理的方法也可以从高木直子这里直接“照搬”。

儿子四年级的暑假，我们和朋友一家结伴去日本旅行，同行的比他小两岁的妹妹也是高木直子的小粉丝，两人一路有的聊。

在大阪心斋桥，妈妈们开始疯狂地买买买，两个孩子逛店一阵接一阵欢呼，原来是碰到了高木直子提到的可丽饼和章鱼小丸子。吃过日本的格力高，再碰到那块著名的巨大的广告牌“一个跑步的男人”后，两个小朋友欢腾无比。日本虽然是第一次去，但两个小朋友有高木直子这个内应在，她笔下的美食和美景，他们已经熟知在心，好像心里揣着一本地图在对号入座，发现熟悉的吃喝都要惊呼一声扑上去，买的买，合影的合影，留下身后几个傻眼的家长。

后来儿子每次流着口水看高木直子的美食漫画时，都会宣布：“妈妈，我要自己规划一条高木直子之旅行路线，吃喝玩乐，我们按高木直子的路线走。”我这边乐呵呵地接腔。

如果一定要追究“读以致用”的话，这样的用法简直超值。

《30 分老妈》：我和儿子都松了绑

高木直子的两本《30 分老妈》，可以说是我的“救命宝丹”。

我当妈晚，老来得子，格外疼惜。

记得儿子刚学走路时，经常眼睁睁地看着他在我面前摔倒。伸手抢救不及，心疼又懊恼的我，回头跟孩子他爸说，也许我需要去特警队训练一下。孩子他爸断然否决说：“你的爱心足够了。”

后来想，父母和子女的边界是穷其一生的不断试探，前进退缩有争有让，最终达到一个平衡的状态。被媒体批评的“直升机父母”和“除草机父母”就是想包办一切但最后不得不退出的那种父母。

无数的事实证明，该让孩子走的路摔的跤，哪怕你小时候替他挡过，长大后的他终有要自己面对的一天。你替过或拦过的功课，迟早还得要孩子自己补上。

我一开始当妈，恨不得替娃扛下所有的重担，总是反思自己做得不够，耐心不够或者脾气太躁，人也显得很紧张。尤其是儿子上了小学以后，那时候他像一头凡事往前冲的小牛，干劲十足，我则紧跟在后全方位配合。家委会报名，班级的活动参加，学校的活动……都不错过，几乎是全力以赴。有时候难免觉得累，不该发脾气的时候也忍不住，发完脾气看着孩子睡着以后可爱的小脸，又内疚得睡不着。

《30分老妈》就像一根救命稻草，治愈的不仅是我，还有儿子。

儿子以前觉得妈妈是无所不能的，幼儿园过生日要妈妈自己做的蛋糕，想吃比萨自然也是“妈妈牌”的，面包更不在话下，还有司康、曲奇饼。不只是甜点，其他各种美食当然也是妈妈出品的最好吃。有一次幼儿园的孩子们集体活动，捡了树上落下的青杧果，台湾一位高手妈妈答应拿回家腌好，再带来幼儿园跟大家分享，儿子看着没有自己妈妈的份儿，居然申明：“我妈妈也会腌。”

是啊，一直配合儿子往前冲冲冲的我，在儿子眼中几乎是无所不能的。

有时候也累得够呛，尤其是单位忙、体力不够的时候，耐心早就飞到爪哇国了，难免就会对着儿子粗声大气，或者草草对付晚餐。一向被善待的儿子，对一日三餐都很看重，一见晚餐是对付的就出声抗议，偷懒的我早就心怀内疚，第二天一早肯定会拿一顿丰盛的早餐补齐。

孩子他爸其实早就提醒过：“如果你累了，可以叫外卖，也可以简单对付一顿，不要做得太累搞得心情不愉快。儿子吃什么固然重要，但吃饭的气氛和心情更重要。”道理我懂，但惯性难改。

一直到我们娘俩一起看了《30 分老妈》，就像一根绷紧的绳儿，娘俩一人扯一头，现在一起放下了。

原来妈妈可以这样不济，在单位业绩不好，在家偷懒，还馋，厨艺也马马虎虎，简直是一个不负责任的妈妈。但这样看上去浑身缺点的妈妈，却让我们娘俩都觉得很放松。原来世界上还有这样的妈妈，比起来，我这个妈妈太拼了，太累了，是不是可以适当地犯犯懒病，抛下儿子老公，自己 happy 一下？最重要的是，实在不想做的时候就放下，反正天也不会塌，儿子也不会饿着，心情好才是真的好。

高木直子对我来说，像一个松绑的大扳手，这两本《30 分老妈》让儿子学会了体谅，学会了知足，更让我这个发条绷紧的老妈长出了一口气，放慢速度，放低要求，从 100 分的目标，拦脚一刀砍下去，直达 30 分。曾经，在我的心目中，60 分老妈都是不负责任的，看到人家 30 分的老妈活得好好的，人彻底被解放了。

这些年因为老妈角色，因为“一切为了儿子”而被慢慢挤掉的自我，借着高木直子的两本《30 分老妈》，慢慢复苏，人也跟着放松下来。

好多粉丝会对偶像说：“我是看着你的书长大的，听着你的歌长大的……”

照这样说来，儿子也是一路读着高木直子长大的。当然，高木直子也见证了我这个妈妈的成长。现在看到高木直子结婚生女，才发现，原来我们也是见证作者一路成长的人。作者和读者原来是彼此的见证者。

心理学家早就提醒，友情是人一生中除了亲情之外非常重要的感情补给。现实中的友情很重要，通过阅读和作者建立起来的友情，同样重要，而且关系相当稳固，不会争吵，不会有波折，更不会轻易反目，就算你有段时间冷落它、遗忘它，它仍然一直在那里等着你，不离不弃。

你只需坐下来，打开它，记忆里储存的那些美好会瞬间重现……

5

PART

阅读中的疑难杂问

读书要读出声来吗？要做读书笔记吗？要背诵吗？读多了自然就会写了吗？很多家长关于阅读的疑问，我几乎一样不落地遭遇过、面对过、思索过，我觉得最应该去除的是关于背诵的污名。死记硬背一直被诟病，但背诵真的是有益成长的童子功，理解之后的背诵对孩子是很必要、很实用的一门技能。

四大名著孩子不喜欢怎么办，有替代品吗？

阅读中的脏话要吞掉还是照读不误？这其实跟你的育儿观和世界观有关——你要给孩子一个真实的世界还是滤镜修饰的世界？

只要三观正，读书无条框，更无规矩，适合孩子的就是最好的，开卷有益。

阅 读 中 的 疑 难 杂 问

读书要读出声吗？谢谢雷梦拉！

儿子就读的学校一向注重阅读，学校图书馆的藏书不管是品质还是数量都让儿子很骄傲。尤其是小学毕业，上了别的中学后，每每回忆起来，更觉得自己小学的图书馆是最厉害的。

儿子上小学时，每个班级都成立了读书会，每学期老师都会统一购买好几本经典课外书发放给同学，每天布置阅读的页数，叫作“共读一本书”。这种给全班同学一起种植精神密码的阅读，我当然举双手赞成，不折不扣配合完成。

按说从小听书、读书长大的孩子，完成这点阅读任务应该是手到擒来，但奇怪的是老师布置的书，他总拒绝“读”，或者不太情愿。

因为老师布置读书是要读出声的，不是默读。我一直督促儿子要按老师的要求来读出声。但小伙子总是抗议：“妈妈，别的同学读书就是自己在看，不用读出声的，为什么我要读出声？”

我说：“老师布置的就是要读出声呀！”

我个人很支持老师的这一要求：一来可以强化孩子的认字能力，二来有助于理解行文的节奏和语感。默读只用眼和脑，而读出声还能调动嘴巴和耳朵，应该会记得更牢也更有感觉。

问题是，儿子以前读书一直是默读，自己读，随心读。这样让他用朗读的方式来出声读，他表示不喜欢、很抗拒。每次我督促着儿子做“阅读作业”，一开始他总要闹半天情绪，但读到一半，他就会平静下来，偶然读到会心处，又乐呵呵地笑得很响亮，明显读得很愉快。我以为他属于热身慢，开启困难，但读顺了之后还蛮享受的类型。

老师布置的班级课外阅读就在娘俩的较量中，拉拉扯扯缓慢推进。孩子有畏难情绪，我每天挖空心思、想方设法引导孩子愉快进入，也很费神。

我一直以为问题出在孩子这里。

2013年4月23日第18届“世界读书日”前，儿子从班里领回来新的共读书——《雷梦拉八岁》，书中正好提到关于默读的部分。情节是这样的：雷梦拉上三年级后，老师惠利夫人向大家宣布，每天都要默读——午餐过后，大家坐在自己的座位上，静静地、不能出声地读自己从图书馆借来的书，什么书都可以，侦探小说都行，而且不用写读书报告。

接下来书里就写到雷梦拉对这样读书的感觉：

“能够自由自在地在学校里念自己喜欢的书，感觉真舒服。她再也不必偷偷摸摸地把书藏在桌子底下偷看，也不必用另一本较大的书挡住，遮遮掩掩。她不必查每一个生字，可以跳过不看，也可以猜着看。惠利夫人不要求大家写内容摘要，所以她不必故意选比较浅易的书来看，免得因不懂而写不出来。”

原来如此！我像被棍棒击中，恍然大悟，原来有问题的并不是孩子，而是我的认知。自己不一留神，成了扼杀孩子读书兴趣的“刽子手”。原本我也像惠利夫人一样，平时自由阅读时间对他不干涉不过问，过后也不询问，完全由他自由支配。但一旦碰到班级发的课外书和老师布置的任务，我就郑而重之陪着，希望他读出声来，碰到不认识的字教给他，他断错的句子我会提醒，他不懂的意思我来解释。没想到这样一来，阅读变得像语文考试一样，字字为营，步步设伏，全然破坏了他阅读的兴趣，打断了他阅读故事的连续性；往重里说，甚至打击了他的自信心，让他觉得挫折重重，难怪他一碰到班级发的书就不太愿意读，和我一争再争。

我暗叫一声抱歉，后背吓出冷汗，赶紧放权，从当天开始退出班级布置的阅读书的陪读，撤销读出声的要求，放手让他自己翻看，自己读，不再过问，即使读完也克制自己追问的冲动，除非他主动跟我交流，否则绝不追着问他要什么阅读感受，彻底把阅读的自主权重新交回娃手里。

我觉得儿子松了一口气，脸色轻快了好多。我这里也犹如卸下千斤重担。以往每晚陪读时的别扭和彼此间的消耗从此烟消云散，我也可以回归自己的阅读时光，整个家庭气氛都一下子融洽了很多。

后来琢磨，读书原本的是一件很快乐的事情，孩子可以自由挑选自己想读的书目，读书的过程可以一目十行，遇到自己不懂的字或者看不懂的段落可以连猜带蒙跳着翻过。我们小时候谁不是这样读过来的？当然最重要的是让孩子面对书的时候，感觉自己是一个大权在握的小主人，就像雷梦拉那样。

谢谢儿子带回来的这本《雷梦拉八岁》，更谢谢雷梦拉的独白，让我在儿子 8 岁时照见了镜子里自己最讨厌的一面，如梦方醒，及时纠错，准确地说是根治；因为我以后再也没有犯过类似的错，不再成为儿子阅读中的“绊脚石”。

读书要做笔记吗？

小学一年级，课程相对轻松，晚上陪娃预习完语文，想找出张大春的《认得几个字》给娃做睡前阅读，结果遍寻不获，退而求其次，找流沙河的《白鱼解字》，依然不见踪影。心里奇怪：虽然刚搬了家，大部分书封存在原来的家里，但娃正值识字期，这几本小学生必备的识字拐杖，我不可能不随身携带。果真应了那句：书到用时方恨“找”。不死心，再往书架上逡巡一圈，意外地发现了流沙河的另一本《文字侦探》，觉得也可以勉强抵挡一阵，遂拿下来去陪读。

娃一眼看到了书后面附录的甲骨文，大感兴趣，要求动手写下来，而且只写甲骨文，篆字和金文都不写。这应该是自主读书笔记的萌芽。

刚开始还简单，天、土、河、岳、风、雷……儿子边写边笑，这哪里是字，分明是画嘛！接下来笔画越来越复杂，问题就来了：有时一不留神画错了方向，或者是画得不标准，娃是摩羯座小男生，一个完美主义者，要求撕掉，连着撕掉3页后，娃哭了。左劝右劝不行，娃又拿了一个新本子继续写，就像电脑重启一样，又是一个新的开始。我劝他用铅笔，写错了可以擦了改对，没有谁不出错的，改了就好，可娃坚持用签字笔写，觉得这样才配得上甲骨文。

果不其然，又错又撕，几次三番，人也累极了，往常这个时候早该睡了，娃哭得很伤心，嘴里还哭哭有词："我要写甲骨文，我要写甲骨文。"

我和老熊想笑又不敢，差点憋出内伤，只能咬着牙劝娃："声音低点，要不邻居以为我们在虐待儿童。"

画甲骨文的事业没有发展多久，娃从德国出的百科全书《什么是什么》中发现了一本讲埃及的《木乃伊的秘密》，迅速改章换篇，喜欢上了埃及的象形文字。这种文字的官方名称叫"圣书体"。其实埃及的圣书体和我们的象形文字差不多，一个个符号画下来，标注汉字，一个个故事也慢慢联结起来。有一天放学刚进家门，娃就一头钻进书房摊开笔记本，埋头细画埃及的金字塔构造，顺带标注尺寸；说是跟班级里的几个同学成立了一个埃及金字塔小组，研究主题是金字塔内部结构和墓室的壁画中各种符号的含义。

娃有好多这样的本子，画一半，换个题材，重拿一个本子再画，如此这般留下好多半拉子工程，我都珍藏着。

班级的读书会要求做读书笔记，娃马马虎虎完工，写得也没有多好，我们前期盯得不紧，后期也没有强求。现在和儿子聊让小学生做读书笔记的问题，他觉得如果一开始引导得当，孩子愿意完成，自然是好事；如果孩子抗拒，他觉得还是不要强迫，水到渠成最好。

我是读书笔记的支持者，平时看书喜欢在书上勾勾画画，如果被引发了感想和念头，就会顺手在书的天头地脚写下来，有时候甚至写得满满当当。孩子的爸爸有时会提醒我这本书是绝版书，价值几何。我也不管不顾，因为我觉得书买来是读的，再贵我也不会卖。就算退一步将来卖书，有一些二手书收藏者还比较喜欢前任书主在书上留下的蛛丝马迹，如果出自名人手笔，又有大段的批注，旧书的价格会打滚般往上翻几番呢。

2020 年 1 月起，孩子他爸创办的机构“木卫二文化”成立了一个书友会，每月读一本书，完成一篇读书笔记，完不成的交 200 元红包。按说我是专业码字的，读书对我也不是问题，一直没有中断过，写东西也一直在坚持。但在写读书笔记时，我还是遇到了难题，因为要把平时读过不怎么琢磨的问题细思细想，条理化输出，难度不小。看过的书、勾画的线、记的笔记和在书尾空白处写的线索，统而化之，既要提纲挈领，又要生动有趣，既要观点鲜明，举的例子还得有说服力，各个段落之间的内在逻辑和承接关系还得顺畅，当然最关键的是你从书中读懂了什么，总得有一家之见。

写了一两本读书笔记后，再到每月月初报阅读书目时，我就慎重多了，觉得难以下笔的书根本不敢报上去。比如看了一大半的《尤利西斯》，把它读完我倒不发愁，愁的是写什么样的读书笔记，所以只能私下里自己读。弄得现在只要读不写读书笔记的书，就像是多了一种逃掉作业的快乐。

6 月份有两位书友同读一本《傅雷家书》，看了她俩的读书笔记，勾得我翻找出上大学时购买的、已经发黄的《傅雷家书》来复习。傅雷在家书中屡屡提醒儿子傅聪动笔写信的重要性，我觉得，这些内容是“有必要写读书笔记”的佐证，摘录如下——

把自己的思想写下来（不管在信中还是用别的方式），比着光在脑中空想是大不同的。写下来需要正确精密的思想，所以写在纸上的自我检讨，格外深刻，对自己也印象深刻。你觉得我这段话对不对？——1954 年 8 月 11 日午前

修养需要多方面的进行，技巧也得长期训练，切勿操之过急。静下来多想想也好，而写信就是强迫你整理思想，也是极好的训练。——1955 年 3 月 21 日上午

一个人的思想是一边写一边谈出来的，借此可以刺激头脑的敏捷性，也可以训练写作的能力和速度。——1955 年 3 月

27日夜

一个人的思想，不动笔就不大会有系统；日子久了，也就放过去了，甚至于忘了，岂不可惜！就为这个缘故，我常常逼你多写信，这也是很重要的“理性认识”的训练。而且我觉得你是很能写文章的，应该随时练习。——1956年1月20日

傅雷一直苦劝在国外的儿子傅聪多写信，一方面固然是舐犊情深，另一方面他深知写作动笔对思想的训练功用，所以才苦口婆心，提醒儿子多写信，多动笔，趁机整理思想，训练思维。

我作为一个专业码字工，非常认同傅雷的观点。儿子小时候我曾在博客上记录儿子成长中的一些趣事，也记录了陪孩子阅读的内容。这次为了写这本《陪孩子阅读》发现时过境迁，很多陪读的细节和故事大半忘却了，便去翻找博客上的相关内容。那里的三五句话或者一段记录帮我迅速把记忆深层的抽屉打开，那些沉睡已久的鲜活细节扑棱棱飞出来，给我提供了不少的线索，有了线头，顺藤摸瓜就容易多了。这才扼腕叹息，只恨自己当时写得太少又写得太过粗略。好多陪读的细节和故事，如果没有当初的文字记录，就会像风吹烟尘一样四散无踪。

儿子说小时候最讨厌写读书笔记，就算是鲁迅的文章，也不可能每句话都有特别的含义，过度解读是让他最头疼的事情。

提到现在流行的用思维导图做读书笔记的方法，儿子觉得这样过于公式化，千篇一律，并不是所有的书都合适做思维导图；不过他在读侦探小说时会画思维导图，用来搞清人物的关系，不然会晕死。

我家这个小时候最讨厌做读书笔记的孩子，现在读书时，已有随手做笔记的习惯了，在纸质书上也好，在电子书上也罢。当初抗拒的，天长日久，早就渗入骨子里，不知不觉成了习惯。

说到底，做读书笔记的好习惯还是要从小养成，只不过不要用千篇一律的格式限定小朋友。读书笔记可以是思维导图，可以是金句摘录，也可以是一念之间的小感受、小感悟，甚至画一幅画也是 OK 的，孩子读了这本书，能把最想记录的东西，用他最喜欢或他认为合适的方式记录下来，就足够了。家长在引导的过程中，应该充分放手，让孩子能感受到他和书的互动是自由的、有趣的；而不是强行要求孩子每读一本书就要按一定格式完成一篇读书笔记，让孩子凭空多了一项课外作业，否则会让孩子对读书产生逆反心理。

生活中家长总是希望孩子每做一件事就能从中获得什么，比如读书得到什么？读了记不住怎么办？

儿子说自己以前也觉得读完书记不住，总会有一定的心理压力。后来看到史航微博上有读者问同款问题：读那么多书，记不住怎么办？史航答：管它呢，得一时快乐就好。再说了，记不住你可以再读。看到这个答案，儿子说觉得自己一下子就解放了，不仅读书没了压力，不再因记不住而焦虑了，反倒给自己二刷三刷同一本书找到了充足的理由。

儿子觉得读书是一件凭个人兴趣的事情，获得的是兴趣和喜欢，不是效用，不可能读了陀思妥耶夫思基的《卡拉马佐夫兄弟》，就去当法官。

我认同他的理念，况且无数专家学者早就提醒说，读书不能太功利，要相信所有读过的书都有养分，它们会在你的身体里慢慢发酵，慢慢滋养。

但“好记性不如烂笔头”也是至理名言，读书时顺手拿起一支笔，一些重要的书目读完后逼着自己输出读书感受，这样的阅读才算是深度阅读，才算把一本书留在你的记忆中。就像傅雷说的，长此以往，不仅能对自己的思维起到训练的作用，让头脑变得敏捷起来，还能让自己的思想变得有系统、有深度。

读书要背诵吗？一背解千愁！

读书要背吗？

我的答案是：要要要。

背诵是一个基本功，如果能过了这一关，学习上就基本不用发愁了，离学霸也差不离了。

每个上了班的同学，或者当了爹妈的人，现在闭上眼睛，回顾一下自己的求学生涯，“一背解千愁”是不是金玉良言？

小学一入学，语文古诗词和好段落要背要记，英语单词要背，数学公式要背，尤其是上了初中以后，史地生就不用说了，理科的物理公式，化学元素周期表，无一不要求背。

背诵是什么？我觉得就是强行植入，在记忆中把一门课程最硬核、最基础的知识搭个框架、打个底子，先入了门，摸着门径，然后再登堂入室。

我一直提醒上小学的孩子们，不要躲、不要怕、不要抱怨，背是你无论如何也绕不过去的生存技能，不如就用心解决一下怎么能背得好、记得住。如果能拿下背诵技能，演变成童子功，接下来的求学生涯就基本可以无往而不利了，甚至成为学霸指日可待。

问题是背诵为什么会让孩子讨厌呢？

死记硬背往往成了背诵头上被扣的最大的“锅”，背诵本身没有错，错的是有的老师和家长在完成背诵的路上，引导不当，又缺乏耐心，方法简单粗暴，引起了孩子们的反感。

鲁迅的《从百草园到三味书屋》中，不管懂不懂意思，拖长声调摇头晃脑背古文是他们上私塾的主要内容，哪有钻进园子里爬树、抓蛐蛐好玩。怎么样才能让学生背会？老师桌子上的戒尺就是利器，一个字：打！

我上初中的时候，遇到一位以背诵为利器的校长兼语文老师，一天布置一篇背诵的篇目，基本就是唐诗宋词，抄在黑板上，我们自己抄在本子上。到周五算总账，下午放学前每个同学到他的办公室完成背诵作业，方法是他把这五天布置的背诵篇目的题目写在纸条上，每个人进去先抽签，抽中哪篇背过就可以放学回家，背不过再抽两条，两篇都背过才能走。这种方式有点像放高利贷的，利滚利，有的同学背得不熟，又心急，去一次背不过就要多抽一张纸条，最后手里四五张纸条，越背越多，天黑了都回不了家。我们初中住校，一周回一次家，但每次都有同学回不了家，住得远的、背功差的，难免哭天抹泪。我通常属于可以早早回家的，最多不过两条在手，躲在一个角落，多念几遍，再背熟，就可以胜利大逃亡了。

老师的要求引发了我背诵的兴趣，我从家里找到《唐诗三百首》，在初一升初二的暑假里给自己制订了计划，开始以一天一首的速度狂背，最后终于被李白的《蜀道难》拦住，停顿了好久。去年还是前年，看到《中国诗词大会》上导师和学生互飙《蜀道难》时，我跟着试了试水，还好，底子还在，细节有的忘了，重新捡拾起来，很快功力就回复了。

我上学时偏科厉害，重文轻理，准确地说，不是轻理，是理科思维太弱，学不动。但背功好，初一升初二那年的寒假，期末考试改在开学后考，当时物理老师是我的班主任，我不想再背负物理不及格的耻辱，整个假期都认真复习。付出终有回报，开学考试物理居然考了96分，只错了一道选择题，把老师吓了一跳。其实就是背会了物理公式，记住了各类解答方式。

背功好在上高中后优势就更凸显，尤其是我喜欢的历史，我觉得书本上的那点东西根本吃不饱，我和我前桌的同学，学世界历史时，发现核心内容已经背到滚瓜烂熟，我们两个开始在犄角旮旯找一些很长、很偏门的人物来背，互相考校为乐。复习历史我只需把历史书放桌角，拿一张白纸，按书里的目录，每章节里面的小标题，每个小标题下面的内容，几乎历历在目，其实一本书都在脑子里了。每天早上的晨读时间就这样去过，过到模糊处，打开书定点补充，直到这部分变得清晰了再往前走。

我曾经担心脑子会不会死机，这么多东西在里面，而且个个面目清晰，上大学后还有意学着要清除要遗忘，没过多久就发现先秦文学要背，英语单词要背，背诵这点童子功根本就成了傍身的长技。

因为自己从小到大一路享受着背诵的甜头，所以对儿子的背功，我在他很小时就比较上心。

说实话，孩子的记忆力真是令当家长的羡慕得流口水。儿子小时候念儿歌，念念就熟了。我买了一种带音乐的碟，唐诗配乐，儿子一个人敲着鼓点，按着节拍，唱得特别起劲儿。他最早接触唐诗是唱的，唱着唱着就熟了。其实。唐诗就是唐朝的流行歌曲。儿子一会儿唱“不论平地与山间”，一会儿又唱“树阴照水爱晴柔”。唱归唱，唱的是哪些字、哪个词，整体又是什么意思，娃浑然不知。我们也不强求，只是偶然拿出一首来给他解释一下意思。

儿子上学前背一些简单的诗，跟玩儿似的，一般在洗澡时或睡觉前，全家一齐上阵，有表演性质，边讲边演，你考我，我考你，三下两下就拿下来了。有这点童子功垫底，娃上学后，背课文是最不用担心的，而且娃的记忆力超强，背会轻易忘不了。晚上临睡前娃背一篇，第二天早上上学的路上娃再背诵一篇。有时候我记不得了，娃却记得很清。遇上长的、难的，拆成两半，接上下句，换两次就熟了。在背诵上，儿子还真的没有让我觉得太难。

背几首诗不要紧，要紧的是活学活用。

早餐桌上看见土豆，儿子立马吟诗："土豆生南国，春来发几枝。愿君多采撷，此物最'耐饥'。" 晚上回家看见月亮或者上楼看见楼道的灯亮了，他就会拖长声调喊："举头望明月……"

有一天正吃着巧克力，他突然笑眯眯地念："窈窕淑女，君子好逑。"

看到《婴儿画报》上有"离离原上草"，他一捧起就自动循环播放，念个不停。

有一段时间念"江南可采莲"。念到"鱼戏莲叶东"，他就开始捣乱："江南可采莲，莲叶何田田，鱼戏宝贝，鱼戏妈妈，鱼戏爸爸，鱼戏姥姥，鱼戏姥爷的肚不脐。"

他爸教的"昔我往矣，杨柳依依，今我来思，雨雪霏霏"娃也念顺溜了。

有一次娃犯了错，我俩一齐黑脸，娃一个人走到客厅念道："相煎何太急。"我俩相视一惊。老熊赶紧俯身安慰："你未必知道说的是什么意思，但爸爸保证以后不煎你了。”

好久不念诗了，有点忘了时，儿子就发明创造：“念天地之悠悠，独怆然——就哭了。”我们笑，意思是对的。

我的一位同事兼女友从小陪着女儿背四书五经，一天必须背一句，不管女儿如何抗拒。她觉得这是基本功，要打底子，连讲解带背诵、连哄带骗、连陪带劝背完这套下来，她女儿已经在不知不觉中被训练成了一个背功了得的小能手。学校老师每天布置背诵的东西，她几乎不用专门花时间，在课堂上，只要她运气没那么差，不是第一个被抽起来的，听过前面两三个同学的背诵，再瞄两眼书巩固一下，基本就可以流利准确地背出了。最后连她妈妈也惊叹女儿的这项傍身技能。后来孩子出国留学，除了英语之外，日语成绩也非常好，口语更是被当地人夸赞，真的是“背出来一片天”。

我被她的“陪背”精神鼓励着，又被她女儿背出来的一片天地刺激着，从儿子上了小学一年级后，我也依葫芦画瓢开始陪着儿子背，我们最先选定的是《论语》，每天一小节，先念一遍，再讲解一下，弄懂意思后，开始念，一句一句多念几遍，念熟了，再顺下来。那个时候娃认字水平一般，主要靠耳朵听。

开篇第一节“子曰：‘学而时习之，不亦说乎？有朋自远方来，不亦乐乎？人不知而不愠，不亦君子乎？’” 句子不长，意思好懂，很快就拿下。第二节有点长，难度上来了，讲清楚“孝悌”容易，弄懂“君子务本，本立而道生”很费劲，句子也拗口。念经般一遍遍由生到熟，继而可以脱口而出。第二句拿下来简直要额手称庆了。

我让孩子每背会一段，就在前面的章节处拿铅笔画个♡，我会在旁边标注日期，算作我们亲子背诵的时间打卡。

接下来，基本是两天一节的速度，稳步推进。背到第七节“贤贤易色”，顺便讲选妻子是看容貌长相还是看品德。当时还问他长大后怎么选，餐桌上全家讨论，热闹了一阵。

过了两天，娃不知道犯了什么错误我批评了他。他爸下班回家后他去投诉说：“你当初选妻子只看长得漂亮，也不看看脾气怎么样。我不过犯了点错误，你妻子就把我批评得很厉害。我觉得你还是考虑一下，给我换一个脾气好一点的妈妈吧。”

我听了哭笑不得，但觉得从陪着背诵的角度来看，能这样活学活用，也可以算作背诵成果之一。

没想到过了两天，娃已经刷牙上了床，晚上睡前要喝水，我让他小心点别洒了水。没想到怕什么来什么，他果然喝了一口就把剩下的大半杯水泼到床上，当时是冬天，厚厚的被褥湿了一大片。我的脸马上掉下来了，很难看。娃瞄了我一眼细声细气地说：“‘过，则勿惮改。’不是孔子说的吗？妈妈我错了，改了就好了嘛。”

我只好收起臭脸，换成笑脸，拿出电熨斗、吹风机，娘俩一起动手改错。这说明第八节也背过了，都会用来给自己开解了，算是孺子可教。

背到第十节时，这部分又有点长，内容也多，从开始念到最后拿下拖拉了半个月的时间，我在旁边记录了时间，画了一个大大的♡。隔了这么多年都能看出当时笔触里掩饰不住的兴奋。第十一节在两个月后背全，然后就没有然后了，《论语》背诵就在这里画了一个休止符，算是一次开了头但没有坚持的反例。这以后，我们的家庭背诵就“花自飘零水自流”了。

小学四年级后，儿子上了一个课外文化班，要求一周背诵一篇。我不知道娃是因为不喜欢占了他玩耍时间的文化班，连带着抗拒背诵，还是因为讨厌背诵讨厌上课外班，反正每次去上课都是一场博弈，就这样对抗了一阵子后，他有一天突然开了窍，开始背了。

周日晚上下了文化课回家后，我借鉴其他妈妈的经验，当天在睡前就把刚刚布置的背诵内容打印出来，先陪娃念一遍；接着就是连讲带演，把要背诵的内容帮娃讲解明白，作者，时间背景，什么情况下写的，受到过哪些名家的赞誉，行文特色是什么，诸如此类，两个人你一言我一语床前讲解完毕。

接下来每天中午，娃放学回家吃完饭、午睡前再念几遍，晚上睡前再如此这般，越念越快越顺口。儿子喜欢一段接一段地背，一般到周三就拿下了，其余的时间就是巩固期。背得特别快的是《木兰诗》，可能因为朗朗上口，两三天的工夫就背熟了。

这些课外的背功，练久了，到了学校也能派上用场。

有一次，我看老师发到班级群里的视频，拍的是语文小组的课前朗读，娃和另两位同学三人一组，朗读的内容是《陋室铭》，一人一段。其他两个同学都是捧着文章朗读，到儿子这里，他两手背在腰后，一字不落背完整段。同学只是照章朗诵，而娃是脱稿背诵，两下对照，娃显得更加从容——平时的背功派上了用场。

儿子初三学化学前，我的“一背解千愁”的理论又得以验证。孩子他爸先陪娃背化学元素周期表“氢氦锂铍硼、碳氮氧氟氖……”我边旁听边从记忆的深处打捞我这部分压箱底已久、快被忘光的记忆，边感叹娃的背功，果然长大一点，理解力也长了，背诵起来越发容易了。

今年秋季要上高中的儿子，早就进入自我学习和管理阶段。我也早已撤出陪学领地了。娃在跟我们聊天时，会大段大段引用他刚看过的书里的话，苏格拉底、柏拉图之类，尤其是在争论的时候，人家甩出的名家名句，打击力度稳准狠，常让我哑口无言。

过后心平气静复盘时，我会装作不经意地询问：“你背这些句子了吗？怎么记得这么清楚？我看了撂爪就忘。”

娃会轻描淡写地答：“没有啊，我觉得好的段落我会看好几遍，看的次数多了就记住了，也没专门去背。”

我听完口水流了一地，羡慕啊，看看就记住了的年纪，我也有过。

记忆就像一盘散沙，而孩子背会的诗词文章或段落，有时就像一枚枚闪闪发光的书签，在孩子储存的浩如烟海的信息中，画了红线，打了格子，标注了心得，慢慢地内化成他前行路上的一块块质地坚硬的砖，让他的每一步都落到实处。

读多了自然就会写吗？真相是会抄了！

小时候，儿子听多了就会唱，让我怀揣着“长大后，读多了自然就会写”的美梦，直到撞到现实的墙，这些美梦才碎了一地。

母亲节的即兴 Rap

话说娃 6 岁时母亲节，恰逢周日，照例睡到自然醒，吃过早午饭，躺在床上，儿子给我唱母亲节歌。

一开始还中规中矩，按着刚看的诗歌句子往上套：如果我是一匹马儿，妈妈就是青草地；如果我是一条鱼，妈妈就是渔网……唱着唱着，他就开始眼珠乱转，瞅啥唱啥，胡乱发挥了，我笑得眼泪都快出来了，赶紧记下来，算是小朋友自己创作的第一首 Rap 歌词，因为娃一路都是唱的。

《如果》——

如果我是一匹马，妈妈就是青草地；

如果我是一条鱼，妈妈就是渔网；

如果我是一个字，妈妈就是橡皮擦；

如果我是一张纸，妈妈就是剪刀；

如果我是衣服，妈妈就是衣柜；

如果我是眼睛，妈妈就是眼罩；

如果我是灯，妈妈就是开关；

如果我是蚊帐，妈妈就是蚊子；

如果我是钉子，妈妈就是锤子；

如果我是耳朵，妈妈就是耳屎；

如果我是摇摇车，妈妈就是小 baby；

如果我是报纸，妈妈就是老年痴呆；

如果我是屁股，妈妈就是裤子；

如果我是底裤，妈妈就是长裤；

如我是烂裤，妈妈就是秀才（娃拿手比画针线缝衣，那应该是裁缝）

…………

最后总会这样结尾——不管我去哪里，妈妈永远会等着我。（是的）

然后用童声甜甜地腻过来说：“妈妈，我永远爱你。”

宝贝，谢谢，这是妈妈听过的最动听的赞歌！虽然逻辑不通，思维混乱，但我听得好 happy！

“流水账”作文的苦恼

家长都是得陇望蜀的，小时娃有即兴哼唱的功底，唱得这么好，长大一旦写起来，还有什么难？更何况娃一路读书，写有什么难？

等到拿到儿子的作文后，问题就变成了：读了这么多书，为什么会把作文写成流水账？

儿子写春游，一页过去了还在家起床、洗脸、刷牙、吃饭，看得免不了着急，好不容易终于出发了，一路拉拉杂杂到了目的地，你刚准备细看他玩了什么，怎么玩的，人家已经以一句“多么愉快的一天啊”结了尾。这感觉就像看一个刚学做菜的孩子，拿着各种好食材却不知道怎么炒、烧，怎么搭配，出品自然面目全非。

我急忙和孩他爹讨论。

孩他爹不屑地答：“小学根本就不应该写什么作文，书没读几本，道理没懂多少，写什么作文呢！”

这种听上去很有道理但实质上不负责任的答案，当然说服不了我。小学作文谁让你讲道理、写思想了，把自己看到、听到、学到、经历过的事件完整地记录下来，就足够了。再说了，小学语文一直都有作文的呀，从刚开始的看图写话，到后来的读书笔记，再到后来的写人记事，字数越来越多，从 300 字到 500 字，锻炼的是孩子的基本功，跟道理关系不大。

儿子的作文我急过，也拿着作文给娃讲解过该写什么不该写什么，什么该详细写什么该一笔略过，但是效果不明显。后来我也就习惯了，不会写就不会写吧，急又急不来，慢慢等他开窍。这中间老师建议自己购买“好词好句”之类的作文参考书，我不赞同，儿子也没有兴趣看这类名句摘抄，便没有买。

抄高木直子被表扬了

有一天儿子发来让我看的作文，说是被老师表扬了。我读完后发现真的是通顺自然又感人至深，杜撰的是他姑姑和他爷爷的故事。爷爷是在他 4 岁的时候去世的，我不知道他能记住多少关于爷爷的事儿，但是一到他写作文，爷爷就成了他笔下当仁不让的主角，各种悲情苦情都往爷爷头上堆。每到这时，我就在心里跟他爷爷道歉，请老人家在天之灵包涵他孙子的无知和频繁打扰。

关于写作，我从来没有跟他正面交流过，总是由着他慢慢摸索。这下子我逮到机会了，就跟他好好聊了一下，问他，为什么不能老老实实写平常生活中的有趣事件呢?

我觉得作文就是表达自我，把心里想的，自己的感受或者经历如实写下来，就很厉害了，就是一篇好文章。

娃反对，他觉得平常的生活没有波折，写下来没有意思，写作文一定要写苦情悲情的，才能打动老师，才能拿高分。

我不同意，问他："生活中哪有那么多苦情悲情？虚假编造的作文，就算拿了高分，你觉得有意思吗？"

"拿高分就是厉害啊，当然有意思啦！"娃兴致勃勃，根本不理我讲的这一套。

平心而论，这篇被老师表扬的文章我看完也得表扬，我觉得娃的这篇作文简直是里程碑式的进步。以前他的作文通篇东拉西扯，言不及义；这次这篇有头有尾，故事完整，起承转合流畅，细节生动，堪称完美。

娃听完表扬，不紧不慢地说："老师在课堂上念了我的作文，下了课有同学问我，是不是看了高木直子的书。"

我好奇地睁圆了眼，娃笑眯眯地说："我和这个同学说了，显然我们的老师并不看高木直子。"

"意思是你的这篇作文是抄高木直子的？"

娃满脸是笑诚意十足地点头。

"你能拿原作让我看看吗？"

娃真是熟门熟路，很快就把书递到我手上了。

打开一看，说抄袭好像不准确，应该用“copy”（拷贝）才对，或者说复刻。因为故事简直就是一模一样，只不过把爷爷植入了一遍，但好歹也算在抄文章上入了门，值得表扬。

我们提醒娃以后要看一些相对偏门冷门的、小学生不大关注的大作家的东西才对。他爸在这个时候趁机推荐了汪曾祺，带着娃读了好几个汪曾祺的短篇小说，娃对《陈小手》一文感慨再三，觉得既神奇又气愤：“怎么能杀了你家的救命恩人呢？”

抄袭一旦破了题，接下来就该登堂入室了。

一篇作文抄了鲁迅＋沈从文

鲁迅是语文课本的常客，但也是让孩子们头疼的作家，因为常被考。孩子们编了顺口溜：语文有三怕，古文作文周树人。

小学6年级时，娃在我们几个家长合办的课外文化课上，听完王芳老师讲鲁迅的《故事新编》后，学校语文老师就正巧布置了作文题《我的故乡》。娃现学现用，硬生生把鲁迅《社戏》中的情节照“搬”了上去，回到故乡和小伙伴划船看戏偷刨土豆，不仅抄了情节，连语言也一并抄了，用的都是鲁迅半文半白的语言。我并不知情。

回家后，娃告诉我说，他下课被语文教师喊到办公室打听，问他是不是看了鲁迅的《社戏》。娃实话实说是上文化课听老师讲过，老师夸奖作文不错（鲁迅写的能不好嘛），但要学会原创。老师的总体态度是鼓励多过批评。后来我查了一下，才知道《社戏》是八年级（初二）的语文课本上的内容。

我申请拿过作文本学习过后，问他：“我和爸爸的老家都在黄土高坡，你回的是哪个故乡？又去划船看戏？移花接木可以，但抄成这样，简直是明目张胆。”娃讪讪地笑了笑。

最后，我还是惯性地回到表扬的老路上。

你可能怀疑，抄成这样怎么张嘴夸呀？客官有所不知，娃在这篇作文的最后一句直接搬来了沈从文《边城》的结尾，情境改写为新结识的故乡的朋友问他下次什么时候回来，他答（抄）：“也许永远不回来了，也许明年暑假还回来。”

这个结尾我觉得抄得很巧妙，算是“很会抄”的水平了，必须要好好表扬一下。

沈从文在我们家属于全集、别集和作品一路收全的作家，也是我家受追捧程度比较高但佛系的存在，我和他爸没有对娃进行强行植入。

针对小学四年级至初三年级的孩子，“木卫二文化”开设了现代文学 4 位名家的鉴赏课程，老舍、鲁迅、萧红、沈从文。但说实话，孩子们能吸收多少、听懂多少，我们心里也没谱。只是觉得好东西应该让孩子尽早接触到。

直到娃胆大妄为，学了就用，把鲁迅《社戏》的情节和沈从文《边城》的结尾硬生生捏合成一篇文章后，尤其是这个巧妙的结尾，我立刻当成教学成果汇报给“现代文学四讲”课程的主讲——王芳老师。

儿子后来总结说：从小读文章多是陈词滥调、花里胡哨，老师要求每一句都要有体会心得，读得特别累；后来读杨绛的文章，简简单单，好像什么都没有说，又好像把什么都说尽了；以前写作文，总觉得要事无巨细地把所有的细节写下来，为了凑字数，后来发现根本用不着；阿城的简短、老舍的京味儿，各有特色；只不过其他人都能抄，但张爱玲是神，没法抄，抄不来。

这次抄了马尔克斯

话说，获诺贝尔文学奖的《百年孤独》到 2007 年正逢出版 40 周年，我们报社策划了一个专题，让我写一篇专题报道。那段时间，我在部门里就像专职祭司一样，不是回顾就是祭悼，写完王小波去世 10 周年祭，接着写汪曾祺 10 周年祭。接到《百年孤独》出版 40 周年的任务时，还好，马尔克斯还活着。

《百年孤独》以前读过，为了完成专题，从头再读一遍，小说写得真好，我是第二次读了，虽然还是被一大堆每代之间雷同的人名弄晕，不断倒带，但整体感觉读得神清气爽，精彩不断，再一次证明经典是应该反复读的。

工作上的事我一般不和儿子说，再说，两岁多的小屁孩儿和《百年孤独》能有什么瓜葛呢？

没想到有一晚背着儿子上楼时，娃搂着我的脖子，突然跟我说：百年孤独。

我吓一大跳，以为听错了，人家又肯定地说了一句：百年孤独。

我问爸妈，但他们都不知道我最近忙什么，也不知道《百年孤独》是本什么书。

后来想了想，可能是我跟孩他爸聊天时，儿子听了几耳朵。

2016 年，马尔克斯的自传《活着为了讲述》出版后，我赶紧买了一本回来。当时儿子上小学 6 年级，已经 11 岁了，听到我和他爸聊起《百年孤独》就问："咱家有没有这本书？我能不能看一下？"

对小六生来说，《百年孤独》明显是超纲的书，可是一不能打击孩子的积极性，二不能抹杀他的好奇心，我赶紧找出来给他，说可能看不懂，无所谓，里面的故事很有趣，你爱看哪段就看那段，不过那个开头要背下来，很牛的，影响了中国好多小说家。

"多年以后，奥雷连诺上校站在行刑队面前，准会想起父亲带他去参观冰块的那个遥远的下午……"

起码他知道《百年孤独》是本可以嘚瑟的书

欧式长句，听上去有点拗口，全家一起上阵，一人一遍，你前句我后句，一会儿就背熟了。

娃嘴里背着这个开头，顺手打开书包，把厚厚的一本《百年孤独》放进去。我差点想笑，但忍住了。明知道他想去学校嘚瑟一下，还是觉得要鼓励，起码他知道《百年孤独》是本可以嘚瑟的书，和这本书厮混的日子多一些，等他长大些真正去读的时候，因为有这点底子，也许会觉得亲近。

书很沉，书包很重，背了没有几天，可能觉得目的达到，娃终于把《百年孤独》从书包里掏出来放上了书架。

我看完马尔克斯的《活着为了讲述》，觉得千山万水、波澜壮阔地跟着他游历了一番，经历的事情丰富复杂得有几个世纪那么长。结果一看，人家才写到 30 岁以前，离他出版《百年孤独》还有 10 年的时间呢。

我觉得比起《百年孤独》的深奥来，这本讲述个人成长的自传倒是蛮合适小学生看的，就把这本书推荐给他。

娃兴冲冲地接过拿走打开。

然后——

下一周娃的作文发下来后，我赫然发现他抄袭了马尔克斯。

他把《活着为了讲述》的开头，马尔克斯陪他妈妈回老家卖房子的故事，移花接木改成他陪他妈妈我回老家的故事。作文的开头也是照抄《百年孤独》开头那个欧式长句："许多年以后，我还会记得大舅带我回老家看冰雕的那个下午——"现在全网还有谁不熟悉这个句式的吗？以前写作文爱用中式短句，现在学会了欧式长句。从简单的白开水一下子变得丰富有内涵了，连词语也换了，爸妈改成了父母，吃饭也改成了用餐。马尔克斯写的小说中有游行抗议的情节，不合适国情，他抄不下手，就语焉不详、欲言又止用省略号省掉。还别说，大家就是大家，一个小学生抄诺贝尔奖大家的作文，一下子就显得有了高度，就连省略号都显得特别含蓄有味道。

一个小学生写作文突然抄起一个老到的诺贝尔奖得主的回忆录，就像是换了个魂儿，绝对是脱胎换骨。

儿子看着我笑，坦白说是抄了马尔克斯的。

我也笑，我刚看完书，当然知道。

因为是新书，刚出来没多久，估计老师们看过的不多，也没看出来是抄的。作文本的末尾，红笔写的大大的 A 让儿子很得意。

我先表扬抄得不错，尤其是省略号用得恰到好处，但以后写作文还是要写自己经历过或最起码听说过的事。

儿子笑着点头。

其实心里很想点赞：天下文章一大抄，这次抄得真不错。

这本《活着为了讲述》能这样被抄，早就物超所值了。

回到开头的话题上来，读书多了就自然会写作了吗？

这个我不敢肯定，不过阅读一定是写作的前提。关键是，读了书的孩子，在写作上什么时候开窍，开到哪种程度，除了跟他阅读的范围和程度有关，也得有天时、地利和机缘，急不得。

经典著作读不下去？从看电影开始——

四大名著中最合适小朋友读的当是《西游记》，我最早给娃买了一小套《西游记》小人书，但娃的兴趣一般。孩子 5 岁多时，有一晚我凭记忆给他讲“孙悟空三借芭蕉扇”的故事，小朋友纠正我说，你讲错了，反过来从头到尾给我讲了一遍。原来，娃在幼儿园听老师讲过。受此顿挫，趁早普及我国经典传统名著的伟大事业就此被我搁置下来了。娃以前睡觉总喜欢抱着《贝贝熊系列》一摞一摞地翻，偶尔缠我讲一下。过了一段时间他迅速爱上了《西游记》，一开始只要爸爸讲，听完一本就痴痴地等下一本，一本接一本，不让停顿。爸爸加班或者讲不动想躲懒的时候，我帮他接个力，娃居然不让，理由是爸爸的声音好听，要听男生版。我一方面庆幸，另一方面也有些微的失落——居然失业了，而且是在我讲故事的强项上！

有一天早上醒来，娃好像忘了前尘往事，抱着我开始缠："讲个《西游记》吧。"我这个讲故事老手终于重新上岗，一看娃拿的是《玄奘法师》。这本书一路讲下来，一直讲到金池长老和黑山老妖，讲得我口干舌燥，就派娃去找他爹接力。我的兴趣也被勾起来了，翻开《西游记》小说，从头开始复习。

《西游记》在幼儿园老师先给讲，后来儿子变成了故事大王，为了每天中午给同学们讲故事，每天晚上先在家里听我讲《西游记》，第二天再现学再卖。

《水浒传》我们两个家长觉得三观不正，也不适合孩子，也就没有普及。

娃10岁以后，《王者荣耀》游戏一经推出，风靡一时，顿时成了孩子们节假日和生日派对聚众玩乐的主要节目，玩久了，一来二去，对《三国演义》里的人物和故事情节已经熟识于心了。

《红楼梦》是四大名著中我的最爱，可惜娃不喜欢。"木卫二文化"的文学课上请了深圳大学研究《红楼梦》的张霁老师讲了4场专题，娃在线全程听完，拿出语文课本上的《红楼梦》的解说给我看，表示老师讲的和课本上讲的很不一样。我笑着劝他要兼收并蓄，语文书上是通识普及，点到为止；张霁老师是专场讲座，自然有深度。娃在课本的《红楼梦》旁批了"还泪"两个字。我汇报给张霁老师，张老师对此给予了肯定，说娃能领悟到这样已经很好了。我原是蓄了心要引着娃读《红楼梦》的，娃觉得听课还 OK，让他读原著暂时没兴趣。我跟张霁老师聊这情况时，她问我：“你儿子是不是摩羯座？”我奇怪她怎么知道，她说她先生也是摩羯座，也不喜欢《红楼梦》。我俩相对大笑，彼此释然。

中国古典文学四大名著，儿子独宠《西游记》，其他都不太喜欢；但是他对另一套西方经典《莎士比亚全集》倒是蛮喜欢，先看剧本再找戏剧，循环往复，乐此不疲。《哈姆雷特》是我们文化课上香港中文大学的教授黄维樑精讲过的，《哈姆雷特》的戏剧版常翻常新，是舞台上的常青树。

儿子从电影入手，结合剧本阅读，甚至翻出了黑泽明根据莎士比亚的《李尔王》改编的电影《乱》。斯皮尔伯格称赞黑泽明是“电影界的莎士比亚”。儿子觉得，有些时候黑泽明比莎士比亚下手狠多了，《乱》的最后，人物几乎全死光了，亲人之间的复仇，同样一点余地不留，对人性黑暗的探索和呈现一黑到底，没有留下一丝的幻想和温情，看得人很容易绝望，继而产生幻灭感。

不是所有的经典都适合所有的孩子，一定存在个体差异，而人和书的缘分，就像人和人的缘分一样，强迫不来

我觉得，并不是所有的经典都适合所有的孩子，一定存在个体差异，而人和书的缘分，就像人和人的缘分一样，强迫不来。读不下去经典的孩子，可以通过看电影来“曲线救国”，这个经验是从李欧梵教授那里得来的。

李欧梵教授从哈佛荣休后，转回香港中文大学教书。2015年，他当选香港书展的年度作家，我当时采访他，问他会不会给学生布置难啃的经典文学巨著。他说，会，不过他会给学生开后门，建议他们如果读不下去《战争与和平》，可以从先看电影或电视剧开始；因为看了影视剧再回过头来读小说，不仅容易得多，还可以看出影视改编的窍门来，顺带比较一下文本和影像的差距。

如果读不动书，就不妨先看影视作品

在帮助儿子和经典接触的过程中，我也借鉴了李欧梵老师的方法，如果读不动书，就不妨先看影视作品。

儿子两岁起就开始跟着我们进电影院，早就被熏成了一枚小影迷。有一段时间，他按奥斯卡历届获奖影片来看片，用的是各个歼灭的方法。比如，希区柯克的片子他一部接一部来看，一网打尽；有的影片他看了不止一遍，比如娄烨的全部电影。儿子还喜欢戛纳的“一种关注”单元，他觉得这个单元里什么类型的影片都有，新老导演同台竞技，而奥斯卡获奖电影相较而言，过于套路化，核心就是讲述所谓的“美国精神和普世价值”，看完没有太大的震撼感。

我觉得，“60后”“70后”，属于看文字成长的一代，但“00后”基本是看影像成长的一代。我家娃看电影的数量不比看书少，更多的时候是按李教授的程序，先电影后文本。有趣的是，他居然是个十足的文本主义者。

萧红的《呼兰河传》，语文课本里选了片段。《火烧云》好像是小学课本里有，如果把《呼兰河传》比作一袭华美的袍，《火烧云》只能算袖口上小小的一粒纽扣。

我一直觉得萧红是现代女作家中的天才型选手。《呼兰河传》的文字自由率性，我在诗人余秀华的博客中，发现了她追踪萧红的线索。我觉得《呼兰河传》是值得一读再读的精品，便早早地推荐给娃。娃对《呼兰河传》没有表现出我期待的热情，孩子自从进入自主阅读时代，恨不得把父母这根“拐杖”越甩越远，我不敢紧迫盯人，但是发现所有的铺垫都没有白费。

2014年，许鞍华导演的长达近3个小时的文艺长片《黄金时代》上映，讲的就是萧红的故事和经历。娃跟着我们进影院，全程没有打瞌睡，一直全神贯注地看到剧终，还把此片评为自己喜欢的年度十佳影片。那一年娃9岁。《黄金时代》那么闷的长片，有的家长在电影院睡好几觉才能熬到剧终，娃却能兴致勃勃看完，这要归功于他上过王芳老师针对《呼兰河传》的文学鉴赏课，提前打好了底子。

为什么要读书？为什么要读经典？

记得曾有一位主持人问比尔·盖茨：“如果可以交换，你想要乔布斯的什么？”比尔·盖茨答：“品位。”苹果手机和电脑之所以一枝独秀，跟乔布斯的品位密不可分。

品位，在某种程度上就是鉴赏力，它跟金钱、学历无关。一个人看过什么书，受过什么教育，有过什么样的人生经历……最后都会综合成他的品位。

为什么读书，并且要读经典著作？或许这就是答案之一。孩子们越早见过好的东西，就会越早建立起自己的眼界、见识、趣味、鉴赏力。

孩子们越早见过好的东西，就会越早建立起自己的眼界、见识、趣味、鉴赏力

孩子们的阅读量，只靠课本上的文章远远不够

打开现在的语文课本，入选的内容说实话是越来越好；但课文只是片段，文本的整体性不够——一件华美的袍，我们只拣了几个纽扣，还要切开细剖。孩子们吃的不是正餐、大餐，而是零食、小甜品的碎屑，品鉴文学之美的路径被切割得索然无味了。

孩子们的阅读量，只靠课本上的文章远远不够。

读经典著作的原文又觉得有难度、读不下去，怎么办？

按李欧梵给大学生开的药方诊治：看经典改编的同名电影。

现在一些经典的文学改编在全球范围内比比皆是，2020 年入围奥斯卡的《小妇人》即是其中之一。

2019 年最优秀的改编是黑人导演拉吉·利改编的《悲惨世界》。拉吉·利生于西非马里，长于法国。《悲惨世界》是他导演的首部长片，以黑马之姿闯进 2019 年戛纳主竞赛，并荣获评审团奖。

这部片子是儿子吐血推荐给我的。看完以后，我觉得这部影片是历史上最好的《悲惨世界》改编，也是最得雨果精髓的改编。虽然故事和雨果笔下的《悲惨世界》没有一丝瓜葛，但

没有一部影片的改编比这部更能抓住雨果原著的精神内核。

这部片子让我们母子俩讨论了好久，从故事情节到象征意味，引发出的话题非常多元：警与匪、黑人与白人、执法与犯法，种族与法律……谁是冉阿让？沙威又是哪一个……一旁没有看片插不上嘴的孩子他爸各种着急上火。

讨论到后来我忽然疑心，盯着娃问：“雨果的《悲惨世界》原著你读了吗？”

娃顾左右而答：“我看过狼人演的歌剧版的《悲惨世界》，算吗？”

Then？

我两道目光扫去，一个问号抛出，娃火速起立走人。

我暗笑：“如果你没有读过原著，只看改编过的影视剧，岂不成了无本之木，无源之水？”

从影视剧出发包抄文本没错，但只停留在影视剧上，以影视剧代替文本，就有点舍本逐末了。不能忘了为什么出发，更要记得目的地在哪里。

书买得快扔得也快？被抛弃的不止“混子哥”

儿子对历史感兴趣，是从听禅宗六祖慧能的故事开始的。接下来，他发现：“南越王赵佗根本就是秦始皇派来广州开发房地产的。”还据此写了一篇小文章，发表在自己的公众号上。点赞的叔叔阿姨不少，小朋友这下子来了劲儿，决定再接再厉。

因为曾经去过扬州，还乘游船在隋炀帝开凿的大运河上逛了两个来回，儿子又关注了一下这个短命的隋朝。再往前扯扯，他发现一统天下的秦朝，和隋朝有点像，也只传了两代。然后，他又写了一篇小文，说明“一个短命的王朝后面往往跟着一个长盛的王朝，秦后有汉，隋后是唐”。对很多人来说，这不过是一则耳熟能详的历史常识，但对刚接触历史的小朋友来说，因为是自己的发现，不免兴趣多多。

自从有了自己的专属手机，订阅了不少微信公众号，讲历史的“混子哥”就成了儿子的最爱。混子哥每次的更新他总要先睹为快，读了还不过瘾，还要叽叽喳喳再讲述一遍，边讲边评，顺便掺入个人看法。

混子哥漫画历史，往往把那些烦人的具体的年代过滤掉，直捣核心，还能把复杂的、千头万绪的历史形象具体化。别说孩子喜欢看，就连我这个大人也喜欢看。那段时间我跟着儿子一边看一边乐，睡前聊天的很多时间都贡献给了混子哥的漫画内容。

网红漫画家混子哥原名陈磊，2018 年起推出了《半小时漫画中国史》《半小时漫画世界史》，后简称“半小时系列”。他在微信公众号上收获了 300 多万粉丝，儿子只是其中之一。

有一次混子哥上海有签售，儿子琢磨了一下，有点动心，想不计成本追趟星。后来混子哥驾临深圳，儿子却错过了，等知道后，他觉得简直像错过了几个亿，悔青了肠子。

我觉得，混子哥对儿子最大的贡献就是让娃爱上了历史。有时，兴趣远比结果更重要。

可是，他看到我这篇文章最初的题目“爱上混子哥”时，他马上更正说：“我已经不喜欢他了。”

混子哥并不孤单，那些儿子小时候钟爱过的漫画和绘本，他淘汰起来同样眼睛都不眨，还是我多情地收起来的。

前一段收拾书架，小朋友把南派三叔的“盗墓笔记”系列和天下霸唱的“鬼吹灯”系列剔除出来，直接扔到门口。

我这次差点笑出声，当初他被这套书迷得七荤八素，偷偷地一本接一本往家买，买了就偷偷读。

通俗小说，尤其是盗墓神鬼故事历来就是男孩子必掉的坑儿

我为了宽慰自己，接纳娃的新欢，就以鲁迅的妈妈鲁老太太一辈子喜欢张恨水的鸳鸯蝴蝶派为例。通俗小说，尤其是盗墓神鬼故事历来就是男孩子必掉的坑儿，他曾推荐给我看，我翻了翻，嫌噱头多、干货少，再加上对文字挑剔，根本看不下去。

余生也晚，当女儿的时候，爸妈说了算。好不容易轮到自己当家长了，这届家长偏偏都搞民主，反过来要听孩子的。

如果独断的话，这两套书是不会有进家门的机会的。

既然树起了“尊重孩子”的招牌，只能咬着后槽牙，忍看娃和这两套书相亲相爱，甚至一度痴迷到回家后看小说为先、作业置后。

现在机会来了，他自己要扔掉这两套书，说看过了，high过了，没有保存的价值了。我反倒从门口捡回来重新上了架，鼓励娃去“闲鱼”上卖掉，作为买新书的资金。娃漫应之，不知道操作没有，反正书一直在架上。

张爱玲说：“再没有心肝的女子说起她去年那件织锦缎夹袍的时候，也是一往情深的。”

而快速成长中的少年读者，他们选择书的爱好和口味，就像六月的天，说变就变。当初有多痴迷，抛弃时就有多绝情。

脏话读出来还是跳过去？尊重作者，信任孩子

如果你推荐享誉全球的名著《丁丁历险记》给孩子，绝对是妥妥的、毫无争议的经典，保证读来大小皆欢。问题是打开书读开去，很多妈妈的眉头就会皱起来，书里那些骂人的脏话到底要原样读出来还是要吞下去？是略过不提，假装岁月静好，还是一字不落，尊重作者的原创，相信孩子会自动过滤？

其实我第一次拿起《丁丁历险记》时，根本没有想到这是个问题。后来发现只要读到阿道克船长出场，小人就有点小兴奋，扭腰扭屁股，一脸的期待，就像每次看到薯条和汉堡上桌般，喜笑颜开。

阿道克船长一开口，骂起人来一串一串，拉瓜扯蔓，根本不带重复的，最重要的是他的骂词体系跟我们不太一样，儿子听得新鲜有趣，笑不可仰，一边听一边像复读机一样重复着台

词，听啥说啥。我后来复盘，觉得我也有点小兴奋，最起码我在念到这个骂人的话时传递出了那份兴奋，或者说根本就是演得太入戏，一边被阿道克船长刺激着，一边被孩子的反馈和期待鼓励着，两相加持，心态一不稳，声调就有点走样，自己却浑然不觉。

直到有一天幼儿园放学后，陪娃往家一路玩一路走，他和一个小朋友撞到了一起，儿子瞬间阿道克船长上身，一开腔一溜台词：“兵痞、马痞、腌黄瓜、卷尾猴、罪该万死、天打雷劈……”他这个开“骂”的一脸笑容，像炫技般，一吐一串，脸上并无恼意；另一旁，傻了眼呆在当地的，除了被骂的孩子和人家的奶奶，还有我这个肇事人的家长。

准确地说，当初娃还在“听以致用”阶段，问题是打破脑袋，我也想不到他会把听来的阿道克船长的脏话在这个场合飙出来，而且一飙就是一串。

飙完的人爽了，一脸得色，丝毫没有闯祸的意识。被骂的小朋友有点蒙，小朋友的奶奶更是一头雾水。幸好不是生活中常见的脏话，但有谁会听不懂“罪该万死，天打雷劈”？至于吗？！不就是撞了一下吗？！人家又不是故意的，再说也没有撞伤。

反应过来后，我赶紧善后，一边喝止让娃道歉，一边跟人家奶奶解释澄清，说明这串骂人的话来自昨晚给他读的睡前故事。解释完，自己也心虚，老奶奶表情并没有释然，起身拉起自己的孙子径自走开了，留下我一脸尴尬。

再回头看自家娃的反应，他这时才收起兴奋，有了点闯祸的理亏样儿。

当晚睡前读书前，我们先来了一个小讨论。

“阿道克船长骂人对吗？”

“不对呀！”

“他骂人后能解决问题吗？”

“不能。”

“丁丁有骂人吗？”

“没有。”

“谁才是故事里最后解决问题的人？”

“丁丁，对了，有一集是他的狗狗白雪救了丁丁。”

“有人骂你‘兵痞、马痞、腌黄瓜、卷尾猴、罪该万死、天打雷劈’，你会高兴吗？”

“不会。”

“那你为什么要骂那个小朋友呢？人家只是不小心撞了你一下。”

“对不起，我错了。”

“你如果下午能及时跟小朋友说对不起，估计小朋友和人家奶奶都不会生气。”

给孩子一个粉饰的、过滤后的、虚假的纯净，我觉得既是对作者的不尊重，也是对孩子的不信任

讨论完，继续读故事。当晚再碰到阿道克船长出场，我照样读，但收敛了以往的声音中隐藏的兴奋，变得中规中矩，娃也懂得配合，收拾起以往听到脏话时，脸上显见的轻狂和开心。

经此一役，我阅读时小心了几分，但遇到脏话还是照样读出。没有把脏话吞掉，也没有私自更改。给孩子一个粉饰的、过滤后的、虚假的纯净，我觉得那既是对作者的不尊重，也是对孩子的不信任。

世界上总有说脏话的人，说脏话也不是什么大不了的事情，只是一种情绪的发泄，于解决问题一点帮助也没有，反倒会扰乱情绪。

世界上有各种各样的人，爱说脏话的阿道克船长其实是一个挺有趣的人。

不过，总有意外发生。

有一次，他碰到一位也读过《丁丁历险记》的小朋友，他没忍住，又被阿道克船长附身，两娃就像对上接头暗号一样，毫无顾忌地互飙脏话，阿道克船长说过的各种脏口都被搜罗出来，你一句我一句，一边飙一边乐，我和那位妈妈笑了笑，躲在一边，好不容易棋逢对手，让他们两尽情地 high 一阵儿吧。

上小学后，娃有一次跟我聊天时说，班里的男生女生都喜欢说“操”，就他说不出口。

现在想想，儿子的语言洁净程度蛮高的，不喜欢讲粗口，也很少听到他讲。

这两天，我又跟儿子讨论了一下书中的脏话问题。儿子觉得，脏话是儿童教育中避不开的一环，生活中很多激烈的争吵都建立在“问候对方的家长”上，其实无可厚非；在文学作品中，大家对情色、脏话就更为宽容；比如在欧美文学里常见的“fuck”有时只是一个语气词，没有刻意侮辱人的意味，我们“国骂”的“问候语”在某种情境里，也只是单纯的情绪表达，同样没有侮辱谁的意思。

他印象比较深的是电影《牯岭街少年杀人事件》中，教导主任训斥小四的爸爸：“你以为你家孩子是什么好东西？”

儿子说，不要总担心你家孩子被坏孩子影响，说不定你家孩子是影响别人的坏孩子。儿子提醒我说，很多家长总假想自家娃是受害者，为什么不怀疑自家娃有可能是施害的一方呢？我心头一惊，眼神抛过去一个大大的问号。儿子收到，笑着安抚我说：“你放心，我既不是受害者也不是施害方。”

脏话是生活中和阅读中无法避开的一环，解释清楚就好了

儿子说，脏话是生活和阅读中无法避开的一环，解释清楚就好了。不过现在小学生骂人的脏话从问候对方祖上开始，用词之丰富狠毒、出语之不逊，很有杀伤力，相当豪横，让他这个初中生望而却步。

“但无论如何，言语羞辱是一种很 low 的方法。”他总结道。

前几天，儿子在楼下一辆落满灰尘被各种涂鸦的车前站定，准备添上一笔，他起手写了一个大大的 F，我急忙伸手阻拦，他笑着推开我，接着写：ree，然后笑着对我说：“不是你想的那样。”我暗道惭愧，觉得自己不仅想太多，而且还想歪了。

“Sorry，宝贝。”我满脸歉意。

“Never mind！”儿子拍拍我的肩，往前走去。

不爱英雄爱反派？别低估孩子的判断力

1929年，22岁的埃尔热开始在比利时《20世纪报》的儿童副刊《小20世纪》连载丁丁的故事，很快每期连载页数由原来的8页翻番增至16页。1930年2月13日，丁丁首次登上这份副刊的封面，几个月后，首册《丁丁历险记》出版，随后，又出版21册，《丁丁历险记》至今已出版了22册，被翻译成超70种语言，至今累计全球销量超过2亿本。

《丁丁历险记》阿道克船长引发的脏话事件结束后，有一晚读完故事临睡前，我和孩子卧谈，讨论这套漫画中他最喜欢的人物。阿道克船长无疑排第一；丁丁的小狗白雪排第二；出场总是戴着礼帽、拄着绅士杖的双胞胎糊涂侦探杜邦和杜庞排第三——也可以理解，因为这对活宝只要出场，总是笑料百出；发明了著名的鲨鱼潜艇和登月火箭的卡尔库鲁斯教授排第四——能体会到知识的力量，发明的厉害，也还说得过去；直到丁丁最难缠的对手——电视大亨、头号反派拉斯泰波波罗斯排第五时，我有点坐不住了，心里炸了：“什么情况？天天读《丁丁历险记》，主角光环的丁丁受欢迎程度掉出前三也就罢了，居然掉到了大反派的后面，成了垫底的。这个无论如何说不通啊！”

为什么？我想不通。

丁丁帅哥一枚，主角光环万丈，“三观”正得不能再正，几乎就是正义本尊，再加上胆大、敢冒险，身手了得，智商超群，而且关键时刻总能拨乱反正，解决危机。这样的英雄人物，为什么还不如一个坏蛋反派受孩子欢迎？

要知道在拍卖市场上，“丁丁热”一直居高不下，屡创拍卖纪录的新高：《丁丁在美洲》的封面曾以 130 万欧元（约合人民币 1105 万元）的价格被一位丁丁迷收藏，创造了当时漫画拍卖的最高价。

2014 年，埃尔热的一幅用作 1937 年至 1958 年出版的《丁丁历险记》内封的双开页油墨画，以 250 万欧元（约合人民币 2125 万元）的天价被拍出，创造了当时 “丁丁系列”手稿拍卖最高成交价。

2018 年，一份《丁丁历险记》的双页漫画手稿，在法国艾德拍卖行以约 105 万欧元（约合人民币 777 万元）的高价拍出。

儿子每次看到这样的新闻都要开心一下，好像替老友高兴。但我做梦都没想到，在当时，主角丁丁在他心目中居然位列倒数。

当时儿子对这一排位的说明是：阿道克船长好玩；狗狗白雪又萌又智；孪生笨侦探杜邦杜庞兄弟糗事儿一箩筐（说到杜邦杜庞兄弟，生活中遇到这样的猪队友，肯定避之不及，但在书本上，他们简直就是一对绝佳的搞笑搭档。他俩一出场，我俩就笑翻，儿子笑得肚子一起一伏的，按都按不住，直笑到打嗝。一开始，他是看着他们俩的一举一动狂笑，后来变成他们一开口儿子就笑。儿子对这两兄弟的喜爱很快就超过了阿道克船长）；卡尔库鲁斯教授厉害啊，大发明家，人是糊里糊涂的，也是笑料制造机。

“那坏蛋呢？那个无恶不作的黑手呢？”

“他好厉害啊，手段高明，能力超强。”

写这篇文章的时候，跟准备上高中的儿子请教答案。

娃说，丁丁符合对正派角色的所有幻想，但就因为太正了，无可挑剔，所以反倒觉得距离很远；阿道克船长作为《丁丁历险记》的二号角色，毛病一堆，老酒鬼，贪财好色，经常破口大骂，骂人的台词变化多端，他到现在都觉得，阿道克船长起码为《丁丁历险记》贡献了70%以上的有趣情节，他甚至说《丁丁历险记》在他眼里分两个阶段——阿道克船长出场前和出场后，阿道克船长初次登场的是《金钳螃蟹贩毒集团》。

为什么要那么在意孩子喜欢反派还是英雄主角？是担心孩子喜欢反派就会变坏吗？

儿子说：“为什么要那么在意孩子喜欢反派还是英雄主角？是担心孩子喜欢反派就会变坏吗？我那时候喜欢《丁丁历险记》里的坏蛋，是觉得他特别聪明有能力，并不是喜欢他做的那些坏事。喜欢电影或小说里的某些反派，那是因为他们的内心世界更丰富更有层次，或者他们的人生经历更曲折，或者是演员演得特别好，仅此而已。

“事实上，文学艺术有它自己的规律和特色，让孩子自己去领会、去感受就行，家长不必特意地引导、灌输。如果家长怕‘坏人坏事’影响孩子，最应该防范的是社会新闻，那里面杀人、偷盗、诈骗、拐卖妇女儿童、弃养老人……各种恶劣事件层出不穷。奇怪的是，家长看这些新闻时不担心，看文学作品和漫画反倒忧心忡忡，不知道是什么道理。”儿子感叹。

“不用担心孩子喜欢上反派就会亦步亦趋变成坏人，一场电影、一部小说、一本漫画不会影响孩子到什么地步，家长不需要大惊小怪。”

我愣住，细想了半天，深以为然。

客厅的一整面书墙，是一家人的精神依仗

附录一

······

陪读爸妈“预备——起”

不管是孩子还是家长，如果读完这本书后，能着手制订一个阅读计划和陪读计划，那就是对作者的最大奖赏。

有的朋友会说，你们夫妻两个本来就爱读书，从事的也是跟阅读有关的工作，陪读自然手到擒来。像我们这种自己没有阅读习惯的家长，好不容易意识到阅读对孩子成长的重要性，想要下场陪读时，发现孩子已经半大不小了，阅读习惯没有从小养成，我们又不专业，指导不到点子上，孩子也不大信服，又该如何陪读?

出生于非洲的经济学家丹比萨·莫约说过一句在教育界影响深远的话：“种一棵树，最好的时间是十年前，其次是现在。”

所以只要你准备出发，最好的时间就是现在。

具体从哪里着手呢?

我把自己的经验总结一下，给大家提供一种思路。

语文书只是出发指南而不是最终抵达的目的地

没有阅读经验和积累的父母，如果想陪读，最简单的方法就是打开孩子这个学期的语文书，按着入选的语文课本的作者的名字，到网上搜这个作者的代表作，陪着孩子一步步拓展延伸。

现在的语文教材在选材上已经相当不错了。

但如果家长和孩子把语文书当成最终抵达的目的地，以为把书上的内容背一背、记一记，就可以学好语文了，那这种认识偏差会导致谬之千里。

语文书是什么？

是一个线头，是一个向导，是一个指引，是一棵树上的一根根枝丫，就像我们去陌生的城市，或者进了一个旅游景区，手里拿的地图和导览一样。

以儿子的阅读为例，语文书上老舍的文章有《济南的春天》和《猫》两篇，他看了觉得还好，但读了《茶馆》后，惊为天人，《茶馆》的剧本被他看了七八遍不止，而且顺藤摸瓜，把老舍的《二马》《四世同堂》都读了。

杨绛的《老王》也入选语文课本，儿子读了才知道原来写作可以这样朴素自然，洗尽铅华，然后他到书架上找杨绛的其他作品，我们推荐了杨绛的小说《洗澡》，他不大有兴趣，可能那个年代和他距离太久远。但杨绛其他的记人散文他却读得津津有味。

同理，萧红的《火烧云》只是《呼兰河传》中节选的一小节，我觉得《呼兰河传》真的是一部天才型的作品，能读完全篇固然好，读不完全篇，随便风吹哪页读哪页，都是满嘴余香。不管是写人、状物还是记事，统统活灵活现，在距离上有一层隔开了看的冷静，而底子里满是温情。如果能顺着《火烧云》的藤摸到《呼兰河传》的大瓜，简直是赚到。

再拿李白的诗歌来举个例子，从小学的《静夜思》《赠汪伦》《独坐敬亭山》到高中的《蜀道难》《梦游天姥吟留别》《将进酒》《月下独酌》，诗句越来越长，意象越来越复杂，但这只是李白留下的900余首诗中的几首，要理解完整的李白，只读这几首诗是不够的，有兴趣的买一本《李白诗全集》自己阅读品悟，或者找李白的相关传记来深入理解。至少也得翻一下《唐诗三百首》，看看相同篇目的注释和解读跟语文课本的有什么区别。

面对一首诗其实就像面对一头大象，多个角度不同的解读是必需的，否则就成了盲人摸象，囿于自己的局限和偏见，不得窥知全貌。

好的导读是台湾作家张大春，他写的3本一套的《大唐李白》，从《少年游》到《凤凰台》再到《将进酒》，还原了李白的一生，尤其是把李白的好多诗词写作的情境放到历史的时空里。这个创作难度相当大，不懂诗词者不敢轻易下笔，不懂盛唐不懂李白者，同样无法动手。好在同样吟诗作词，一直深读的张大春有这样的野心，也有这样的胆识，不仅还原了一个真实的李白，也还原了李白生存的大唐盛世的各种生活细节。读李白如果能读到这个级别，就有点登堂入室的味道了。

但是这样的书读起来有一定的难度，也需要一定的积累，是一块硬骨头，你有多大的兴趣，能走多远，全凭你自己能坚持多久。

也许有人说：“我现在积累不够，读不懂。”但书是可以拆开来读的，至少你可以把《大唐李白》中写到的、语文课本上选的李白的诗词的相关章节，截取片段，先抽这部分看，也算是一个简短而有效的延伸。

书是整本装订的，有章节有顺序，作者在创作时有内在逻辑；但是对读者来说，没有人规定你一定要按作者的路径走，一定从头到尾读。你可以随心所欲，跳着读，选自己感兴趣的读，书是固定的，但阅读是鲜活的，可以怎么喜欢怎么读。

现在很多学校重视阅读，教育部也颁布了不同年级不同的课外阅读书目，深圳的各个学校每学期也会给不同年级的学生布置课外阅读书目。未必要亦步亦趋，但都是一个可以参照选书的标尺。

没有阅读经验和积累的父母，如果想陪读，最简单的方法就是打开孩子这个学期的语文书，按着入选的语文课本的作者的名字，到网上搜这个作者的代表作，陪着孩子一步步拓展延伸。

经典书是品质的保证，但并不是所有的经典孩子都喜欢

想陪孩子读得深一点，系统一点，该如何选书？我的经验，一是选经典，二是选门类。所谓经典，就是被证明有价值，经过时间的淘洗留存下来的图书。选读经典书有两种路径：一是时间轴，二是人物轴。

好多家长说："除了语文书，还想陪孩子读得深一点，系统一点，可是不管进了书城还是打开网上的书店，同题材的书满坑满谷，该怎么选？"

我的经验，一是选经典，二是选门类。

所谓经典，就是被证明有价值，经过时间的淘洗留存下来的图书。

选读经典书有两种路径：一是时间轴，二是人物轴。

以时间为轴是一种方便的选书法。《诗经》《楚辞》、先秦诸子，唐诗、宋词、元曲、明清小说是一个大的框架，下面有无数的作者、无数的篇目，读谁选谁可以先织一张网，多读多了解，再慢慢收口，选定自己喜欢的一两位作者，精读下去，这时候阅读的路径已经从时间轴，不知不觉换成了人物轴。

时间轴可以从先秦诸子百家开始，现在《论语》都进了小学课本，同时也是高考语文的考试范围，从小学到高中的课程长度，其实说明了《论语》这部经典的重要性。

以高考的语文内容来倒推，《论语》《孟子》《道德经》

《庄子》《史记》都被选定，但是语文课本里只是选取了片段。这些经典因为年代久远，其中涉及的很多历史人物、事件和典故，并不容易读懂，有的甚至需要花一辈子的时间。

对孩子来说，从小能和这些经典耳鬓厮磨，慢慢啃下来，随着年龄的增长逐步领悟，他的收获就不只是应对高考时的自如了，而是一点一滴融入身体里，内化为一种成长的力量。

不知道怎么挑的时候，挑经典，挑经典出版社的经典版本，是一个品质保证。

但并不是所有的孩子都喜欢经典，就像各花入各眼，阅读其实和交朋友一样，有的孩子喜欢李白，有的偏爱杜甫，有的专攻王维，也有的独宠李商隐。阅读经典也是这样，有的喜欢温雅敦厚的孔子，有的偏爱口齿伶俐的孟子，有的读《道德经》觉得满口余香，也有的是“妙玉派”，觉得文章还是庄子的好，秋水文章不染尘。还有的是太史公的骨灰级粉丝，奉《史记》如圭臬，手不释卷。

孩子不喜欢这本，就再换另一本，多换几次都没关系；还可以过一段时间再推荐一轮，孩子现在不喜欢的，过一段也许突然就喜欢上了。陪读的父母有时要像耐心的推销员一样，别轻易放弃；有时又得像一头敏捷的猎豹，一直伺机观察，一有机会就出手，也许下次就中标了。推销一本好书其实并不容易，考验的是家长的耐心、智慧和勇气。

人物轴就是挑不同年代不同种类的代表性人物，一网打尽。

我们上大学时，宿舍舍友用的就是这种方法，集体包抄，各个歼灭。比如上“西方文学史”课，老师讲到巴尔扎克，大家集体到图书馆，各借一本巴尔扎克的小说，回来后看完自己的，和舍友交换着看，宿舍六七个人，一人一本，一人谈一次感受，有交流有分享更有共鸣，尤其是精彩处，往往每人都要复述一遍。这种群读的方法，也适用于家庭陪读：选一本家庭共读书，家长陪孩子同步阅读，既容易找到共同话题，又容易引导深入，一举两得。

读现代文学如果喜欢鲁迅，当然得啃《鲁迅全集》，这是阅读的基本功，下的是笨功夫，除了老老实实一页页读，没有他途。读完鲁迅，不可能不读他弟弟周作人，又是走进一片森林。鲁迅经常被拿来和胡适比较，读完周氏兄弟，你已经在不知不觉中攀到一座小山顶了，再读胡适，或者顺路把胡适的弟子唐德刚的作品读读，那么恭喜你，你已经学会了拉瓜扯蔓阅读法，愉快地踏上阅读的康庄大道了。

阅读是有门槛的，读书和读懂书之间也许隔了几十年的岁月

家长自己读书不要设限，陪读也不要给孩子各种限定，阅读的品位和鉴赏力也是要读过很多书后才可以慢慢确立的。读一本书并不难，难的是一本接一本不停地读；陪读亦同理。

年少不懂《红楼梦》，读懂已是中年人。

读一本书和读懂一本书之间，有时隔了几十年的岁月。

高一生日时，妈妈拨款让我自己挑件连衣裙作为礼物，我拿着钱先去买了人民文学出版社 3 本一套的《红楼梦》，剩下的钱不够买连衣裙了，只能买条半身短裙。工作后，慢慢收了脂评本《红楼梦》，还有影印版的《红楼梦》线装书，每次拿出来读，事先都要好好洗过手，就差沐浴焚香了。

小时候只追着宝黛主线看，后来慢慢扩大到金陵十二钗，再后来下行到“二等主子”，再后来连小燕的娘和姑姑的事情也弄清楚了。表面上是写小燕的娘没有边界感，被一干“二等主子”边教导带排揎带羞辱，事实上曹公正在借这等小事儿，交代大观园里的等级和各阶层人士的职责和禁忌。

再下来，年少时飞速跳过的那些诗词曲赋，甚至对联、联句、谜语也开始慢慢入心，细细品味。

小时粗枝大叶读过的《红楼梦》，人到中年，才有摸到全象的感觉。

岁月在拿走你的青春时，也会回馈你一些礼物，这是我在个人阅读上的切身领悟。

诗人西川曾写道：打开一本书，一个灵魂就苏醒。

我读得怦然心惊。

照这种说法，打开书，就是和一个苏醒的灵魂对话。

如果你白纸一张，面对这个灵魂，就只能张口结舌，无法对答；如果你有一定的积累，有一定的阅读数量，对这个灵魂有一定的熟悉度，就可以你来我往，找到棋逢对手的快感。

同样一本书，有人读下来，像吃了一块奶酪般，既饱腹又美味，但有的人却像喝了一碗番茄鸡蛋汤，只能算餐前配汤，连主食都算不上，就像入宝山而空手归。

阅读是有门槛的，而每一个灵魂都在等待可以和他对话的读者。

不要害怕空手而归，去的次数多了，你自己的成长和吸收越多，你从这本书里拿出的东西越多，终有一日就能读懂书里的每一个字，每一句话，甚至能体会到作者下笔时的各种心境和言外之意，这才算读懂了一本书。

人生苦短，一个人一辈子能读懂几本书？

年少的时候，可以跑马圈地，读得多一些杂一些，各个门类都涉猎一些，但每年总要拿几本书下工夫细读细品。

有的人对流行书畅销书不屑一顾，有的人对心灵鸡汤避之不及，其实，流行书和畅销书的背后都藏着这个时代人们的焦虑和恐惧。

所谓“开卷有益”，家长自己读书不要设限，陪读也不要给孩子各种限定，阅读的品位和鉴赏力也是要读过很多书后，才可以慢慢确立的。

读一本书并不难，难的是一本接一本，不停地读；陪读亦同理。

在家里，营造阅读的氛围，可以试着把最重要的位置留给图书。

在孩子的房间里，不管空间大小，一定要安排一个书架，由他自己整理陈设，让他觉得那是他很重要的人生财富。架上有多少，肚子里又装了多少，又有多少能派上用场？

周末假日抽时间陪孩子泡实体书店，多看多读多买。

读书是一辈子的事儿，任何时候起步都不晚。

2020 年 7 月 21 日 于深圳盛夏酷暑中

附录二

……

那些年儿子喜欢的书单

罗列这个书单的时候，我感谢了一下当时写博客记录下阅读书单的自己。

同时也感谢了一下当时不断询问我的同事朋友和闺密，因为我年龄稍长，在同事朋友中升级当妈的资历较久，在育儿路上率先升级打怪，所以就有了一些发言权。尤其是阅读，踩过不少坑，蹚过不少雷区，后来者可以绕道避让。

作为妈妈，我有义务把我受益的经典，读给孩子，让这种有温暖的、带着私人体味的阅读传承下去。

我更感谢的是儿子，陪他一路读来的那些好书，在儿子受益的同时，我这个当妈的也被这些好书不断修正、慢慢滋养。

儿子看到这份书单，建议把个别删减后，用怀念的口吻说："我好想把这些书重新再读一遍啊！"

那些阅读带给我们的好时光在那一刹那，纷至沓来……

附录二·目录 Contents

附录二·目录 Contents

1：《斯凯瑞金色童书》系列：认识世界从这里起步

[美] 理查德·斯凯瑞 著，李晓平等 译
贵州人民出版社

《忙忙碌碌镇》《我的第一本书》《会讲故事的单词书》《斯凯瑞最受欢迎的故事》，是儿子认识世界的起步书。哪个小男孩不喜欢车？估计没有哪个小男孩不喜欢《轱辘轱辘转》，看看它被翻得有多破就知道它有多受宠。这是儿子小时候最喜欢的一套书，长大点还可以当双语读物。书中的小屁孩、幸运的蚯蚓爬爬、墨菲警官都是儿子书中的好朋友。至于布莱梅镇的音乐家和万能修先生，这两个故事都是当初我读到要吐了的，现在想起来却觉得很温暖。

2：《青蛙弗洛格的成长故事》：第一个忠诚的虚拟朋友

[荷兰] 马克斯·维尔修思 著，彭懿、杨玲玲 译
湖南少儿出版社

国际安徒生大奖得主出品，在世界各地获奖无数。"弗洛格系列"是儿子小时候最喜欢的一套书，也是我讲书讲到要吐的一套。最后弗洛格成为儿子睡前自编故事的主角。一开始我编，后来娃接着编，主角永远是弗洛格和我们一家，跟着我们坐火车去杭州旅游，又跟着我们爬莲花山、玩大梅沙……弗洛格是从书本走到儿子生活中的一位忠实的隐形朋友。

3：《猫和老鼠》系列：谁的第一部动画片不是从汤姆和杰瑞开始的？

[美] 威廉·汉纳、约瑟夫·巴伯拉 著
译林出版社

儿子出生后我最想跟他分享的就是《猫和老鼠》这套碟，娃先后看坏了几套。《猫和老鼠》的漫画书是他在小区书店看到，立刻就要买，然后一本接一本，慢慢买回来。买来以后就跟看碟一样，缠着我给他一遍一遍地讲，那时候讨价还价就是想多讲几个故事。

我娘是《猫和老鼠》的反对派，她说，我娃之所以调皮捣乱是跟《猫和老鼠》学的。就算是，我不悔。

4：《倒霉的弗兰伯先生》：娃的治愈系

[美] 理查德·斯凯瑞 著，张喆、耿栋 译
贵州人民出版社

《倒霉的弗兰伯先生》是娃的治愈系。在斯凯瑞其他童书中，一直追被风吹走帽子的弗兰伯，在这里霉运连连——出门不顺，进城不顺，逛超市不顺，去餐厅同样不顺，甚至回家洗澡睡觉都不顺——但人家也只是抱怨“真是倒霉的一天”，天并没有塌下来。所以，听到儿子说“倒霉的弗兰伯”就意味着，他今天有点不顺。

5：《小兔汤姆》系列：你可以收声了

[法] 玛莉·阿丽娜·巴文 图，[法] 克斯多夫·勒·马斯尼 文，梅莉 译
海燕出版社

这是继弗洛格之后儿子的又一位书中好友。儿子跟小

兔汤姆的经历更接近，上幼儿园、走丢、住院、尿床、做噩梦、搬家，小兔的经历儿子几乎全都经历过，两个人的共同点很多。有一晚娃一人捧着《汤姆挨罚》温习，他爸贱嗖嗖地凑上去念了一句，结果被娃揪住从头到尾念了一遍。我本想提醒他自己读，又一想，让娃重温一下亲子阅读有何不可？遂收声。

1岁+

6:“毛毛虫童书馆”系列：本土故事更易击中童心

陈秋草、马得、詹同、鲁兵等 著
连环画出版社等

这套中国经典图画书大师卷，一共出版了6辑。我先买了前两辑，第1辑7本，第2辑6本。这些都是出版了20多年之久的经典作品，有成为中国经典水墨动画片代表的《小蝌蚪找妈妈》，有荣获中国第一届国家图书奖、被誉为“中国最美的童谣”的《好乖乖》。儿子把《三十六个字》《老虎外婆》看了又看。小时候他最爱看《胖嫂回家》，尤其是看到胖嫂误把冬瓜当娃抱，笑得前仰后合，那是贺友直老师的手笔，典型的中国风——中国气质，中国审美。对中国孩子来说，这是更具亲近感、更接地气的一套优秀漫画。2014年腊月二十三，我们出发去越南前收到这套“毛毛虫童书馆”第5辑，儿子当下捧着《小年的故事》看得不亦乐乎。书来得真是时候，节令的节拍踏得稳稳的。晚上睡觉前，孩子又要求把这套故事全讲一遍，腊八节的故事有点悲苦，娃专门让他爹讲，而且要求用快乐的声调讲，反差效果相当可乐。

7：《父与子》：百看不厌的经典

[德] 卜劳恩 著，洪佩奇 编译
译林出版社

我家有两个版本，一本小一本大。

这是一本大人可以偷懒的书，儿子缠着讲故事，我累得没有力气开口讲话时，就塞一本蓝色的小开本给他。大的开本原是深圳书城24小时书店他每周打卡的仪式书，他5岁生日时，他爹干脆把这本翻得已经显旧的、带有他痕迹的书买来当礼物送给他，其实店里还有崭新的。

8：《贝贝熊系列》：我为什么不能像贝贝熊一样？

[美] 斯坦·博丹 文，[美] 简·博丹 绘，张德启等 译
新疆青少年出版社

对儿子来说，这是一套很长命的书。书是一套套买回来的，先是我一本本一遍遍讲，接着是他动辄就拿出来反复看，直到上初中才算作罢。儿子成长过程中遇到的问题，几乎都可以从这套书中找到对应的情境。小熊哥哥和妹妹也成了儿子的好朋友，是他跟我讨价还价的榜样。

现在让儿子评价贝贝熊的故事，他觉得这套书三观很正。比如，工作不分高低贵贱；女人也可以有自己的生活和事业，没必要捆绑在带孩子陪孩子身上；提倡种族平等……相当可贵。

儿子是从这套书才注意到书的作者是美国人的，我赶紧教他注意作者前面的国籍以及出版社的名字。这套书是美国兰登书屋联手“行为教育之父”斯坦·博丹联袂出版的一套畅销书，行销 40 余年，热销全球 30 多个国家，销量高达 2.4 亿册，销售量及畅销时间均为少儿读物世界之最。

2 岁+

9：《一颗超级顽固的牙》：神同步时刻

[英] 夏洛特·米德尔顿 著，彭懿 译

新星出版社

阅读能改变什么？生活习惯，甚至文化根基。

比如我们小时候掉了牙，按乡俗要把掉下来的牙使劲扔到房顶上，才能长出新牙。可现在的小朋友是读着进口的绘本长大的，都知道有一个牙仙子，掉了的牙要包起来放在枕头下，牙仙子会把你的旧牙取走，同时给你放一枚硬币。

读到这本书时，儿子上左侧切牙刚掉，这是他换的第 5 颗牙，掉下来的牙集中放在盒里，做了简单记录。想起娃掉第一颗牙时的恐慌，才知道孩子的成长有多快。这本书中的塔比莎为了拔掉那颗松动的牙，招数真夸张，儿子看得直乐。有了人家的经验垫底，娃对换牙镇定多了。附的小卡片不仅告诉你哪颗牙叫什么名字，还提示换牙的时间和先后顺序，非常贴心！

10：《中国童话》12 本：一年 365 天的故事这套书都备齐了

台湾汉声出版社

这套书最早在读库网上看到，标价 1620 元，贵得有点儿下不了手，于是托嫁到台湾的一位朋友代买回来，绕道香港终于回到深圳家中的案头。这套书是我在儿子 4 岁时为他提前储备的，书到家后，他不怎么喜欢，一直搁在那里。直到 2014 年夏天，他 9 岁，这套被“打入冷宫”5 年的书，才突然走红受到小主人的宠爱。看来人和书的缘分真的要看时机。这套书按一年 12 个月编了 12 本，每月一本书，打开里面又按一月 30 天来安排，一天一个故事的节奏。很多妈妈问：“有没有一套管一年的故事书？”还真有。后来儿子按月份取出书，摊在床头，一天挑两个故事，我满心欢喜地讲来讲去。再后来大陆简体版上市，改名为《最美最美的中国童话》，价格是台版的零头。

11：《今天运气怎么这么好》：好运气会传染

[日] 宫西达也 文 / 图，彭懿 译
南海出版公司

日本作家宫西达也连文带图一起包办。儿子看后要求把他的书全买了。这本书讲的是：好运气是会传染的。有一天，大灰狼乌鲁走进午睡林，小猪们正在睡午觉，乌鲁高兴坏了，这么多的小猪，数都数不过来，他觉得自己今天运气怎么这么好呢！反正一个人也吃不完，他敲开好朋友哇呜的门，要告诉他这个秘密，但不等他说完，哇呜就以为他也在午睡林碰上了跟自己一样的好运气——发现了一片蘑菇。他请乌鲁吃了香喷喷的咖喱蘑菇，还让乌鲁打包带走。两个人吃完了告别后，乌鲁才发现自己忘了说发现好多小猪的消息了。就这样，乌鲁走一家吃一家拿一家忘说一次。从苹果派到油炸饼……乌鲁觉得自己的运气太好了，每个朋友都对他那么好。他回家后摊开朋友送的丰盛的美食当晚餐，再次感叹："今天运气怎么这么好呢！"隐约觉得好像忘记了一件什么事，不过美食当前也顾不得了。

睡醒的小猪们吃饱喝足回家，没有大灰狼的骚扰，他们也觉得"今天的运气怎么这么好"，全然不知道危险差点降临。

2岁+

12：《小松鼠是如何生活的？》：小松鼠原来是肉食族

[德]弗里德伦·赖兴施德特 文，[德]汉斯·京特·德林 图，景丽 译
海燕出版社

这本书是"我的自然生态图画书"系列中的一本。这系列6本一套，有小蜜蜂、小刺猬、小山雀、小瓢虫、小狐狸。儿子最先读完的是这本。他惊奇地说："小松鼠原来吃肉呢！"我不信，娃指着松鼠的食物里的"葡萄蜗牛"做证。哈哈！轮到我长见识了。松鼠的衣食住行、邻居、天敌，一书说尽。

13：《巫婆的孩子》：每个妈妈都会魔法

[英] 琼斯 图，[英] 艾图 文，方素珍 译
河北教育出版社

巫婆一直是特殊而神奇的存在，有点像特工妈妈，她的孩子又会有什么特殊的能力呢？魔法会遗传吗？小美把纸船掉到水里，大哥把小美变成青蛙，好让她游去捞小船；二姐大费周章变了一堆，最后却把小美变成王子；只会一招的三妹扯开嗓子喊“妈妈妈妈”，妈妈应声而至，一切回归原样，天下太平。最开心的是什么魔法都不会的三妹。我觉得每个妈妈都是巫婆，孩子一吼，招之即来，来即能战，战无不胜。后来美国有一首《妈妈之歌》，美国妈妈从早上起床吼到晚上睡觉，中国妈妈听得相当解压；再后来有人点名要求歌手再创作一首《爸爸之歌》，歌手应诺，只有一句歌词：找你妈去。绝倒。

14：《谁怕大坏书？》：乱撕乱画书的小朋友，你危险了！

[英] 罗伦·乔尔德 文/图，萧萍 译
上海人民美术出版社

这本书看得人惊心动魄，小时候谁没在书上动过手脚——给美女画胡子戴眼镜，把喜欢的王子或权杖剪下来。有没有想到有一天你掉进书里，遇到他们找你算账？这本书里的小男孩瑞奇就这样被王后追赶，一路逃，一直逃出书本。确认安全后赶紧补救，善待手里的每本书。如何让不珍惜书的孩子手下留情？这是一个好故事。

2岁⁺

15：《绿笛》：蛇版的《不一样的卡梅拉》

[美]珍妮儿·肯侬 文/图，阿甲 审译
河北少年儿童出版社

其实这本书跟《不一样的卡梅拉》《窗边的小豆豆》的内核类似——总有一些小鸡、一些人不愿意和别的小鸡、别的人一样，不愿意按着常规的路走，这次轮到一条小蛇绿笛了。它从小不明白为什么要急忙蜕皮长大，那样的蛇生太无趣了！它把自己发射出去变成了漂亮的圆圈。它想方设法拒绝长大，差点丢掉性命，最后被摔成几段。总以为会吃一堑长一智，可绿笛老了还可以和年轻蛇一样弯成漂亮的“8”字形。到老它还像年轻时一样保持了自我。你能吗？

16：《敌人》绘本：敌人也是平常人？！

[意]大卫·卡利 文，[法]塞尔日·布洛克 图，梅思繁 译
明天出版社

敌人是什么人？是嗜血成性的恶棍，是吃人的猛兽，还是杀人不眨眼的恶魔？一个偶然的机会才发现战壕对面的敌人也有家人，他的口袋里也藏有家人的照片，他们也没有很多食物，都一样是人，跟我们差不多。可为什么要打来打去呢？结局是开放性的——这两个敌人以后见面，还会再打吗？

3岁⁺

17：《三个强盗》：强盗也有一颗柔软的心

[法]汤米·温格尔 文/图，张剑鸣 译
明天出版社

这是一本我看了都有强烈动手欲、想依葫芦画瓢

自己照着做一本的书。书中的绘画手法多样，线条简洁、画面优美。阴冷的黑色和深蓝色，到小宝贝们出场之后变成了温暖的橙色。三个强盗抢了很多珠宝，直到有一天，他们抢到了一个要被坏心肠的姑妈收养的孤儿，孤儿很高兴被抢，而且提醒了他们财宝的用途。他们开始收留所有走丢了的小孩、不快乐的小孩和没人要的小孩，甚至为了安置孩子买了一座美丽的城堡。孩子们长大结婚成家，在附近盖起自己的房子，成了一个小村子，三个强盗变成了令人尊敬、值得纪念的养父。

这本书在儿子的班级非常受宠，每周一次的班级阅读课上总被同学们争抢。那个周一我正好去学校接他，跟着他到图书室，他把偷偷藏在电视机后面的这本书拿出来，得意地炫给我，然后要求买。

我以前觉得好多书借着读了就行了，后来才发现，好书一定要买，孩子可以反复读，书里可以储存孩子不少的童年和成长记忆。

18：《城里老鼠和乡下老鼠》：学会换位思考

[英] 贝妮黛·华兹 文 / 图，刘海颖 译
海豚出版社

儿子看完《好和坏，是什么？》着魔了，好多事都借用“好和坏是什么”这句话总结。看完动画片《无敌破坏王》这样问；这本书看完后，依然在问：“好和坏是什么？城里老鼠好还是乡下老鼠好？”

其实，城里也好乡下也罢，各有优劣，对老鼠来说，自己习惯和适应的环境就是最好的。至于儿子喜欢这本书的理由，很简单："里面有太多好吃的东西啦！"

3岁+

19：《不一样的卡梅拉》系列：小时候的不一样能保持多久？

[法]克利斯提昂·约里波瓦 文，[法]克利斯提昂·艾利施 图
二十一世纪出版社

还记得日本作家黑柳彻子的《窗边的小豆豆》吗？和这个"不一样的卡梅拉"异曲同工。儿子一遍遍要求读，故事好，插图画得也好。最幸运的是这套书的插图作者来他们学校和小读者见面时，儿子不仅拿到了签名，还合了影。对当娘的来说，看孩子读到一个不一样的、有趣的童年成长书是一种乐趣，但要你面对一个特立独行的小豆豆或卡梅拉，那你不仅要有强大的内心，更得有坚强的神经，要一直坚信自己的娃和别人的"不一样"是正常的，要包容要容忍。

20：《一秒钟的改变》：一秒钟那么短又那么长

郝广才 著，[阿根廷]贝尼索托 绘
汕头大学出版社

《一秒钟的改变》是学校图书馆的抢手书，儿子在学校抢不过，回家来急切要求下单，我们主动配送了《如果地球被我们吃掉了》。

嘀嗒一秒钟，人类能干点啥？说出来吓一跳：一秒钟要吃掉12头牛、47只猪、66头羊、13581个面包、

41814颗鸡蛋，就像贪婪不知节制的物种，看得羞愧。

21：《牙齿大街的新鲜事》：刷牙的好习惯它有功劳

[德]安娜·鲁斯曼 著，张振 译
北京科学技术出版社

儿子被这本书搅得牵肠挂肚，就是因为从学校借回来的这本书缺了结尾。天天盼着，甚至自己编着，终于等来了书，等来了美好的收场：被大钳子夹出来的害虫最后居然在沙滩上美美地晒太阳。作者显然很懂孩子们的心思。至于儿子每次刷牙特别认真是不是拜这本书所赐？俺没问，母鸡呀！

22：《肚子里有个火车站》：这下子知道肚子痛怎么治了

[德]安娜·鲁斯曼 著，张振 译
北京科学技术出版社

和前一本属同一个文字作者，配插图的绘者另有其人。儿子爱吃冷饮，不管天气冷热都要喝冰牛奶。买这本书有劝告的意思，娃看懂了，可该吃照吃；不过，吃完肚子不舒服时知道拿个热水袋去化冰。图画实在形象，难怪系列名叫“德国精选科学图画书”。

23：《一个不能没有礼物的日子》：原来有一种快乐叫失而复得

陈致元 文/图
河北少年儿童出版社

礼物最固定的搭档是生日，后来慢慢地队伍越来越庞大，圣诞礼物、新年礼物、进步礼物、安慰礼物……问题是礼物一定要买的吗？必须是新的吗？

这本书最厉害的地方在于给孩子讲旧东西的价值，失而复得的快乐不亚于得到新礼物：就像熊哥哥破了大洞的风筝修得像新的；熊姐姐忘在公园的雨伞被送回来了；妈妈丢掉的一粒扣子找到了；爸爸被风吹走的帽子以及小熊最爱的棒球手套失而复得。

寻常日子，旧东西，失而复得的快乐，让孩子学会重新打量和定义期待的各种礼物。

3岁+

24：《14只老鼠大搬家》系列：妈妈分不清的角色，娃一认一个准

［日］岩村和朗 著，彭懿 译
接力出版社

这是娃每周照例逛深圳中心书城发现的宝，娃喜欢得狠，要求买，然后就一次一本两本往家买。

日系图画清新淡雅，笔触细致。对小吃货儿子来说，里头有太多好吃的东东了。不得不佩服，小朋友的读图能力巨强，14只老鼠一眼就能分得清谁是谁，而我这个吃字长大的家长，要在孩子的指导下，费很大劲才能对上号。

4岁⁺

25：“我的第一套圣经故事书”12本：打开通往西方文学经典的窗户

［英］苏菲·派普尔 文，［英］埃斯泰拉·柯尔克 图
王诗客、周林、颜炼军 译
江苏美术出版社

经常碰到有朋友问我，该给孩子买什么样的书？我觉得孩子的阅读架构跟他的精神世界的架构是一样重要的。

有一些书就像搭帐篷用的帐杆一样，必须及早竖起来。如果架子没有竖起来，孩子的世界会矮小，眼界不开阔；再加上现在童书同质化现象严重，很多书看似内容有别，其实道理是一样的，买多了意义不大；但一些作为门类差别的支架类的书是必须早点买了搭起来的。像这套给小朋友的《圣经》故事书，12本一套，英国的两位作家一写一画，强强联手。

这套书可以看成了解西方宗教史的入门书，其实也是走进西方文学的门径。不懂《圣经》故事，好多西方的文学作品搞不懂，就连畅销小说《达·芬奇密码》也会读得一头雾水呢。小朋友的喜欢出乎我的意料。娃每次听完一本就感叹，好好听哦，好期待下集，一口气读了4本，第二天早餐桌上这套书被娃抱着继续翻看，第二天晚上又读了5本。很快全部读完。儿子最喜欢的是《创世纪》和《挪亚方舟》。有这套“圣经故事书”打底，等他长大了遇到丹·布朗的《达·芬奇密码》，会更容易读懂。

26：《爷爷变成了幽灵》：爷爷去世后的心理治疗书

[丹麦] 金·弗珀兹·艾克松 文，[瑞典] 爱娃·艾瑞克松 图
彭懿 译
湖北美术出版社

这是一本情境书，是我为了解决问题给娃买的一本书。

娃刚过4岁生日时，他的爷爷去世了。要带他参加葬礼是肯定的，但会不会给他造成心理阴影？如何防范？出发前我特意给心理咨询师朋友打电话咨询过。眼看着4岁的他经历过人生的第一场告别，有了对死亡的恐惧，赶紧着手解决，上网搜索正好碰到这本书，买了讲给他听，是一个很温暖的故事。

我们细细地给他讲爷爷的事儿，老家的风俗，不知道他有没有释然。过了几天，儿子找他爸讨论人死了有没有灵魂，会不会害怕？儿子突然发声说："我爷爷在那边，他认得我，我应该不会害怕。"我和他爸对看了一眼，长出了一口气。

27：《丁丁历险记》：陪读的快乐从此倍增

[比利时] 埃尔热 著，王柄东 译
中国少年儿童出版社

这是一套讲到我几近抓狂的书。睡前讲、出门在旅馆讲、飞机上讲……而且讲完还得讲，一遍又一遍。直到儿子开始自主阅读，才终于可以不用讲了。儿子每天放学会拿一本看一会儿，阿道克船长、杜邦杜庞兄弟一露脸，他就是一通笑，笑得前仰后合。一本好书的力量是无边的，可以穿越时间和空间的界限，历久弥新。这套书也是我讲

起来觉得津津有味的一套内涵丰富的好书。

28：《如果地球被我们吃掉了》：危机从来没有走远

[法] 塞尔 著，[意] 博南尼 绘，武娟 译
河北教育出版社

这个绘本是手撕纸画和拼贴画风格，告诉孩子种子比金钱更珍贵。想让孩子通过阅读树立正确的三观，得一本接一本读好书慢慢拼凑起来。

29：《小牛顿科学馆》：每个男孩儿都需要一套科普书

台湾牛顿出版股份有限公司 编著
接力出版社

牛顿出版公司是台湾科普教育图书出版的杰出品牌，拥有《牛顿》《小牛顿》《小小牛顿》等多种精品科普刊物。在台湾，每6个儿童中，必有一个长期购买《小牛顿》的。《小牛顿》的含金量与魅力可见一斑。这是马英九推荐的一套书，也是儿子喜欢的一套科普书。他最喜欢的当然是《货币的历史》那一本，因为他爱财——摩羯座的特性，爱看各种钱和金银珠宝。这是他了解这个世界的渠道，也没有什么不好。接下来喜欢的是《玫瑰花》，因为他喜欢花花草草，在小区闲逛时，经常像蜜蜂一样，偷着吸花蜜。

30：《大爆炸——宇宙通史》：绕不过的世界起源说

[英] 帕特里克·摩尔、布莱恩·梅、克里斯·林陶特 著
李元、曹军、李鉴、张子平、陈冬妮 译
广西科学技术出版社

让孩子从小学会仰望星空。如果爱上天文学，一

个人的心胸和眼界会更宽广一些吧！这本书完全读懂是不可能的。胜在图大、图多、图漂亮，完全可以按图读文。2020 年 5 月 31 日凌晨 3：23，Space X 最新载人飞船在美国肯尼迪航天中心发射成功。全球首个载人飞船发射成功。马斯克的成功缘于他最初制订了一个非常宏伟的计划，就是在 2050 年左右把 100 万地球人送到火星。具体计划为 10 年后，每年建造 100 艘星际飞船，每年送 10 万人上火星。这个当年公布后被嘲笑的计划，现在随着首个载人飞船的发射成功，正在变得现实起来，成为可以抵达和实现的目标。

4 岁+

31：《危险大百科》：跟着书本去冒险

[英] 劳拉 · 布勒等 著，罗娜 译
电子工业出版社

男孩喜欢一些危险刺激甚至恐怖的东西，我们希望他勇敢坚强，可总习惯对他说“不要”“不许”“不可以”。这本书可以让他安全地在纸上探个险。有时，禁忌其实也是一种诱惑。有一次，娃讲《三个强盗》时，搬出这本书指出一把类似的斧头做比较。我看得老怀大慰，看来对这本书，他很熟；再者，说明他懂得书。

32：《狐狸村传奇》系列：神奇的英伦风

[英] 辛西亚 · 帕特森 文，[英] 布莱恩 · 帕特森 图
艾斯苔尔 译
少年儿童出版社

1985 年，这对英国夫妻档，爸爸画画，妈妈写故事，

联手贡献了一套世界经典童话名著，典型的英伦风。小家伙们不小心跌入一个山谷，遇到一个他们认为是巫婆的老奶奶，她种的草芙蓉正是生病的好朋友四处找不到的一味药，而且它的根茎还可以做糖果呢！神秘、奇幻，这些字眼对儿子有超强的吸引力。

33：《隧道》：强弱转瞬易位

[英]安东尼·布朗 文/图，崔维燕 译
二十一世纪出版社

安东尼·布朗是我们家的老熟人，儿子看过他的《我爸爸》《我妈妈》《胆小鬼威利》。这本《隧道》，风格一下变了，光看封面就很抓人。隧道里有什么？隧道尽头又通向哪里？一对总爱吵嘴的兄妹在一次历险后终于因为有共同的经历和秘密，有了默契。儿子最喜欢女孩子在森林里因为害怕而奔跑的那幅对开大画，最神奇最感人的是这次弱小的妹妹救了哥哥。

34：从《百草园》到《三味书屋》：经典散文的图像记忆

鲁迅 著
江西科学技术出版社

是《中国百年文学经典桥梁书》第 1 辑 5 本中的 2 本。其他 3 本还有鲁迅的《社戏》、朱自清的《背影》和《荷塘月色》。儿子喜欢这两本的理由很简单，因为这地方他去过。都说旅游能把纸上冰冷的地名变得有了自己的温度和记忆。反过来，把自己脚踩过、眼看过、手摸过的地方在纸上重温一遍，也有点老友重逢的味道。这套书，刚买了娃就看了又看。至于他为什么会去鲁迅故居，因为他爹喜欢周作人，他娘喜欢鲁迅。

4岁⁺

35：《大熊有一个小麻烦》：倾听是一种美德

[伊朗]米兰弗特毕 文，[德]沃琪顿 绘，漪然 译
湖南少年儿童出版社

这是“暖暖心绘本”系列中的一本。儿子很早以前读过很多遍的一本书，也是复读率非常高的一本书。臭小子有一段时间话太稠太密，别人都插不上嘴，而且他不太有耐心倾听，大人刚说两句他就接话头。我希望他通过读小熊的遭遇，懂得认真倾听不仅是礼貌更是美德。

这对我来说也是本警醒书：你给的是不是孩子想要的？不要太自我，更不能自以为是，以自己的经验来批评处理孩子的各种情绪。要一事一理，认真倾听，细心琢磨，凡事从孩子的角度多想几遍。教养孩子需要讲究技巧和方法，但说到底拼的是妈妈的个人素养——谁有稳定的情绪，谁就有无比的耐心。

36：《寻宝记》：儿子的第一部历史探险漫画书

[韩]小熊工作室 著
二十一世纪出版社

这是韩国小熊工作室陆续推出的一套全球各地的《寻宝记》，也是儿子曾经最宝贝的一套书。书里面

夹带了许多地理和历史知识，不过娃小时候看到知识夹带部分，每每速速跳过。这套书是陆续出版的，儿子每次去深圳中心书城，第一站就直扑这套书，看最新一本出来没，他早从上一本书封底页的预告中知道了接下来一本的书名，每次一脸期待地找找找。同学借了他的一本，他隔一天就追问人家看完没有，什么时候还回来，宝贝得紧。后来他的搜书半径扩张到了香港、台湾，这两个地区繁体版的出版速度往往比简体版要快几拍，但价格也贵好多，好在印刷精美，也是逢新必买。这套书曾按顺序摆在他高低床的下面，齐齐整整，一丝不苟。

37：《奥德赛》：从这里抵达希腊罗马神话

[古希腊]荷马 著，托尼·沃尔夫/绘，苏真 主编
小树苗教育出版社有限公司/银河出版社有限公司

这是我们逛香港书展斩获的战利品，超值，10港元一本，绘画印刷质量均属上乘。最赞的是把遥远的古希腊英雄画成各种动物，你能想到尤利西斯是一只橙白相间的狐狸吗？这种手法一下子缩短了孩子和经典之间的距离。儿子很喜欢，一看再看。

38：《神奇校车》：人有多大胆、课有多大产

[美]乔安娜·柯尔 著，[美]布鲁斯·迪根 图
蒲公英童书馆 译
贵州人民出版社

儿子小学时，有一天老师给我打电话，说他现在上课

不画画改成看书了，一直拿着《神奇校车》看，让他放下，过一会儿又拿出来继续看。

我赶紧从家里书架上把这套书找出来摆在桌上，意思是家里有，不用上课看。

娃放学回来一声欢呼，说班里同学都在找这本《穿越飓风》，然后捧起来不撒手。娃边看边说："妈妈给我讲过，小时候我不喜欢，现在才觉得好好看。"

看来是缘分到了。其实，只要打开这套书，孩子没有不喜欢的——有一辆上天入地无所不能的神奇校车，上课的地点只有你想不到没有车到不了的，这样的课谁会不喜欢上？

4岁+

39：《希腊罗马神话》12本套装：不可小觑的启蒙书

[韩]洪恩英 编绘，王永杰 译
少年儿童出版社

这套韩国编绘的《希腊罗马神话》，画功不敢恭维，里面的众女神个个长得差不多，根本分不清谁是谁。儿子说女神的头发颜色有些区别。他坚持要把这套书列入，因为这是人家的希腊罗马神话启蒙书。儿子说："书里把希腊和罗马神话分开来讲，两者的差别和延续分得很清楚；还有就是这本书把盖亚和瑞亚的关系也讲对了，很多神话和科普文章里都是错的。"

看漫画有什么用？这套漫画还真的有用。带儿子去土耳其旅游，他不仅能补充导游的讲解，而且在博物馆里参观只有英文版说明的雕像，没有借助讲解器，如入熟人阵中，左右前后如数家珍。这让我再也不敢小看漫画，哪怕是画得不好的漫画，从此高举四个大字：开卷有益。

40：《世界历史知识漫画系列》：历史在你眼前层层打开

宋创国 文/图
香港小树苗教育出版社

这3册繁体字漫画书是从香港书展上淘来的，整套一共有10册。前面这3册，第一册为《古文明与古王国》，从石器时代讲起，从美索不达米亚文明入手，很快讲到孩子喜欢的埃及文明； 第二册《罗马帝国与亚洲帝国》，亚洲部分里有不少中国的内容，他去过的秦始皇兵马俑也在其中；第三册《东亚文化与伊斯兰帝国》。这套书本来是囤着，想等他学历史时再拿出来补充看，没想到孩子很快开始翻读了，显然很喜欢。

41：《格尔尼卡》：立体派毕加索其实是写实派

[法]阿兰·塞尔 编著，吕越平 译，常立 审订
二十一世纪出版社

怎样让一幅图画比50吨炸药轰炸更为震撼，即使爆炸平息，尘埃落定，它也能长久地存在？即使我们把眼睛闭上，它也能更长久地留在我们的脑海里？

立体派大师毕加索的黑白巨作《格尔尼卡》，是艺术史上的名作，同时也是一幅写实之作，他用画笔记录并凝

固了1937年德国空军轰炸西班牙小城格尔尼卡的暴行。

1937年4月26日16点45分，西班牙北部小城格尔尼卡上空，德国和意大利的轰炸机开始掷弹轰炸，每隔5分钟就会有一架轰炸机从低空掠过这个城市，恐惧持续了3小时15分，50吨炸药和3000颗燃烧弹投向小城。这是人类历史上第一次不是针对军事目标而是瞄准无辜平民的空袭。5月1日，毕加索从报纸上得知这场惨绝人寰的空袭事件。他尝试着把自己的愤怒画出来。当时西班牙政府希望他能提供一幅能与米罗和考尔德的画作比肩的作品，来参加几个星期后在巴黎开幕的世界博览会。看到新闻的当天，他决定表达西班牙画家的痛苦，他要画空袭之下的格尔尼卡。1937年5月25日世界博览会开幕，西班牙共和政府的展区为毕加索的巨型画布保留了一面墙，6月4日，毕加索画下最后一笔，《格尔尼卡》完成了。世博会西班牙展馆紧邻德国展馆。一个德国纳粹军官指着这幅屠杀的场景问毕加索："这是您的作品吗？"他冷淡地答道："不，是你们的。"

4岁+

42：《黑猫侦探》系列5本一套：猫版《教父》

[西]胡安·迪亚兹·卡纳莱斯 编，[西]胡安霍·瓜尔尼多 绘，赵心舒 译
北京联合出版有限公司

黑帮、家族矛盾、种族歧视、3K党、美苏冷战、化学危机……都在这5本漫画里，新生代欧漫中的经典代表之作，也可以说是"猫版《教父》"。

43：“儿童哲学智慧书”系列：哲学离孩子并不遥远

[法]奥斯卡·柏尼菲 文，[法]克雷蒙·德屋等 绘
接力出版社

此书分2辑，共9本，里面是漫画，图大字少，适合幼儿园大班和小学三年级前的低龄儿童。作者是法国的奥斯卡·柏尼菲。我买的时候只出了第一辑4本。买第一辑大约在幼小衔接前。里面是大大的漫画和大大的字，儿子最喜欢的是《好和坏，是什么？》，且能活学活用，经常举一反三，以我授予之矛攻我之盾，手法相当熟练。我觉得他能学会换位思考就对了，而且跟他讲道理沟通不太费劲了，也算是一种收获吧。

44：《了不起的狐狸爸爸》：第一本听完的长篇小说

[英]罗尔德·达尔 著，[英]昆汀·布莱克 绘，代维 译
明天出版社

儿子四五岁的时候我买了这本书，当时因为天天给他读画多字少的低幼读物，而且要反复读，感觉快吐了，就想找我愿意读、他也想看的字书提升一下睡前故事的质量。

找到这本，试着读给他，没想到娃一听就喜欢，天天追着听我读完。这是娃听的第一本字书，从小一直喜欢到大，现在还不时拿出来翻看。

读到三个农场主隐藏起来，用枪管对着狐狸先生的一节，娃紧张得赶紧把这页翻过去。

娃听这本书最先学会的是：“我瘦得像根铅笔一样。”

接下来还学会形容矮子："站在世界上任何一个游泳池的浅水一端，他的下巴都会在水面以下。"这是书里形容两个农场主的话，他学得很快，不时拿出来念叨念叨。

我读完这本大喜过望，又有点得陇望蜀，直接上网把罗尔德·达尔的一套11本全买了。我自己先研究了一遍，《小乔治的神奇魔药》先束之高阁，臭小子当时正用家里的各种东东混合配药，这本书读给他等于添了个领路人，还不定怎么折腾呢。

接着挑了安全系数相对高的《魔法手指》《查理与巧克力工厂》《查理与升降机》，一本接一本往下讲。

《了不起的狐狸爸爸》因为成套买的时候多了一本。上小学一年级后，班级要求捐书，我拿出旧的那本《了不起的狐狸爸爸》想捐出去，娃拒绝了。他翻到书中集体聚餐的那页，指着兔子身上淡淡的铅笔色说："那是爸爸涂的，有美好的记忆。我们还是捐那本新书出去。"我听了既惭愧又觉得开心，我眼中的新书和旧书，显然和娃眼中的宝贵程度是相反的，娃觉得爸爸涂过的旧书才是宝贵的、值得珍藏的。晚上回来让爸爸看，他却早已不记得是他涂的了。

小学一年级+

45：《小屁孩日记》：看了要画

[美]杰夫·金尼 著，陈万如 译
新世纪出版社

《小屁孩日记》10本，中英文双语。孩子的学校每学期老师都布置班级统一阅读书目，可惜娃喜欢的没几本。有个学期的终于合了胃口，就是这套10本的《小屁孩日记》。以前要押着读才行，这套书娃读得很主动，估计在书上遇到了知己。这个小屁孩子，一身的毛病和缺点，但是挺招人爱，娃看得经常笑出声来。看书看电影，都是好几遍，看完还自己画四格漫画。

46：《蔡志忠中国古籍经典漫画》：论经典的打开方式

蔡志忠 著
三联出版社

绘本几乎都是进口的，虽然普世价值是相通的，但还是很想让孩子尝尝自家出产的好东东。古典经典对孩子来说有点难，除了死记硬背外，如何让他觉得亲近易懂爱看？感谢蔡志忠的漫画。这是一个很好的入门书，但如何让小家伙喜欢上，还是费了一点周折的。

刚买来儿子不看，拆开摆书架上还不看，甚至摆到他的书桌上还是无动于衷。我把任务交给他爸，他打量了一圈，挑出里面的《六朝怪谈》给儿子睡前开讲，结果一发不可收。儿子自己一本接一本读，听到儿子在饭桌上念叨“一日不做一日不食”，就知道读过《六祖坛经》了。有一天午睡前拿的是《韩非子》。我等他全部读完后调查了一下，儿子最爱的是《六朝怪谈》和《世说新语》。

47：朱德庸漫画：易患“毒舌症”，小心慎入！

朱德庸 著
现代出版社

孩子喜欢看漫画，捧着《阿衰》看得津津有味时，我想不如给他看一点超龄的，还算有品质保证的漫画，于是就把朱德庸推荐给他了。《绝对小孩》一共有3册，这套漫画让他学会了花言巧语，尤其是在对付家长时，得了程度不轻的“毒舌症”。接着他就顺藤摸瓜把《大家都有病》两本也看完了，这两本书是针对现代人处理恋爱婚姻、情绪欲望时的病态人性的嘲讽，显然有些超纲，我赶紧收了。看了《关于上班这件事》，儿子说，上班其实跟上学差不多，大人小孩子过得都很苦。

小学一年级⁺

48：《幻想数学大战》20册：抽掉数学依然是条好汉

[韩] 图画树团队 编著，李学权 译
美术出版社

与《寻宝记》的风格很类似，血统也一样，都来自韩国。趣味数学，可不是就说说那么容易的。把原理编到故事里，加上情节和故事，儿子看了又看。许多儿童科普漫画都是为了科普而漫画，结果漫画质量相对差，剧情走向诡异。而这套《幻想数学大战》却感觉是顺手加了些数学科普内容，人物设定、正邪探讨、打怪升级，情节设计十分有趣，如果把数学科普内容去掉的话，也是一部纯粹完整的少年冒险漫画。后来还出了《幻想数学大战·前传》，好像国内没有翻译引进。

49：《帕瓦娜的守候》+《帕瓦娜的旅程》：了不起的帕瓦娜

[加拿大] 黛博拉·艾里斯 著，黄静雅 译
光明日报出版社

《帕瓦娜的守候》是儿子班级全班阅读的一本书，我

陪他读下来，就了解塔利班政权下的阿富汗人民过着什么样的日子了。主人公是11岁的阿富汗女孩儿帕瓦娜，她的父亲被抓走了。在塔利班的统治下，女子不能单独出门，为了生存，她不得不剃光头发，假扮小男孩上街谋生。花木兰是替父从军，帕瓦娜却是在寻找父亲并担起养活家人的重担。

《帕瓦娜的旅程》是帕瓦娜和父亲结伴寻找家人，从这个村子到下一个村子，从这个难民营流落到下一个难民营。更多的时候他们只能依靠自己的双腿。在那样的日子里，父亲的课堂让遥远的路途短了许多。可惜没过多久父亲去世了，13岁的帕瓦娜这次又得独自上路，继续踏上寻找母亲和兄弟姐妹的路程。小小年纪的帕瓦娜，连和家人在一起安稳度日都成为奢望，更不用说拥有一张安静的书桌了，她只能独自寻找努力拼凑。读来既心酸又受鼓励。坚强不是说说就算的，而是要一步步走到，一件件做到。了不起的帕瓦娜。

小学三年级⁺

50：《雾灵三部曲》：另类版的《动物庄园》

[美]苏珊·谢德 文，[美]乔恩·布勒 图，漆仰平 译
贵州人民出版社

人类毁灭了，留下一座空城。动物们登台亮相，会说话的豪猪穿着衣服，翻着书，名字叫王尔德。搞笑吗？人类毁灭一直是未来世界的担忧，人类腾空的场地，谁将是主角？他们会走向什么样的命运？可以当另类版的《动物庄园》。

这是儿子独自看完的第一套丛书，3本一套，也是把我从读书这项妈妈必备的工作中解放出来的一套书，既欣喜又有几分感伤。

小学四年级⁺

51：阿加莎·克里斯蒂侦探小说系列

我准备了福尔摩斯系列，没想到儿子喜欢上的却是阿婆系列，买了很多。读了小说之后，他又追着看改编的影视剧，还比较不同年代不同版本。他一直是忠实的阿婆粉，认为阿婆文字世界里营造的好多细节是影视剧无法还原或者被忽略的。

小学五年级⁺

52：老舍《茶馆》

看了有八九遍，爱得不行，爱屋及乌看了老舍的《二马》《四世同堂》。

小学六年级⁺

53：哈珀·李《杀死一只知更鸟》

儿子对法律感兴趣，有了“长大后要当一个律师”的想法是看了这本小说萌生的。后来他又看了派克演的同名电影，更加坚定了当律师的想法。

54：太宰治《御伽草纸》

是一个民间故事集，很多人喜欢太宰治是因为《人间失格》，儿子强调——他打开太宰治的方式不一样。

初一⁺

55：莎士比亚戏剧集

《哈姆雷特》儿子在文化课上学过，他自己接着看了《李尔王》，又找了黑泽明改编的电影《乱》对比过后，觉得黑泽明心狠手辣，技高一筹。

初二+

56：刘慈欣作品

他爸给他推荐了《三体》，但他一开始兴趣不大。后来他先看的《球状闪电》，这之后一鼓作气，把《三体》也拿下了。刘慈欣来深圳书城讲座时，他早早去占位听了，讲座结束又耐着性子排了队签名合影。

57：阿城作品（《常识与通识》《闲话闲说》）

也是他爸爸吐血推荐的，儿子终于接受了。他看了以后的感慨就是，原来爸爸讲的好多有趣的事儿都是阿城讲的。

初三+

58：张爱玲作品（《赤地之恋》《秧歌》）

儿子打开张爱玲的方式，是从她这两部出国之后写的小说开始的，然后成为“骨灰级”粉丝，把她的各种作品搜罗来。后来发展到遇到事情就要换位思考——张爱玲会怎么反应？

59：阎连科作品（《受活》《风雅颂》）

儿子觉得，阎连科笔下的荒诞世界匪夷所思又警醒无比，然后买了阎连科的各种小说。每次阎连科的书送到家，儿子就会双手捧着书，像请神一样把书捧到自己的房间。

高一+

60：麦克尤恩系列（《赎罪》《阿姆斯特丹》）

麦克尤恩的小说是儿子的新宠，已经在儿子的书架上占满一排。

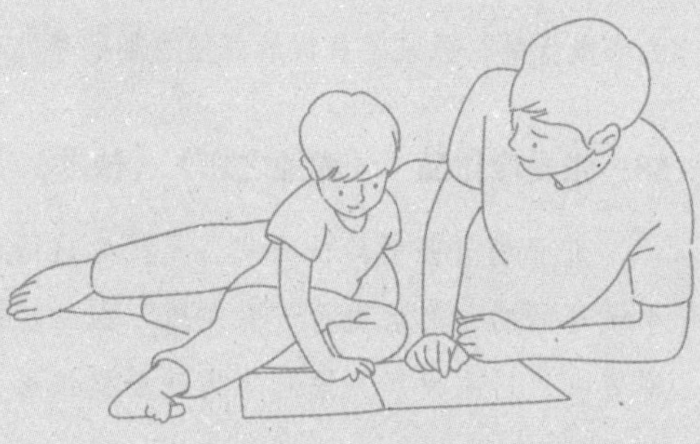

尾声

……

德国最重要的存在主义哲学家之一雅斯贝尔斯说："教育就是一棵树摇动另一棵树，一朵云推动另一朵云，一个灵魂唤醒另一个灵魂。"

其实阅读也是：一本书摇动另一本书，一个作家带来又一个作家，一个灵魂带领你认识更多灵魂。

妈妈："如果可以选择的话，哪本书里的哪个角色，你愿意交换？"

儿子："谁也不愿意。我可以体验别人的人生，但我无法成为别人。我谁也不换，我要过我自己的人生。"

阅美文化 悦读阅美 · 生活更美

好书推荐

《管孩子不如懂孩子——心理咨询师的育儿笔记》

徐徐 / 著

资深亲子课程导师20年成功育儿经验，

做对五件事，轻松带出优质娃。

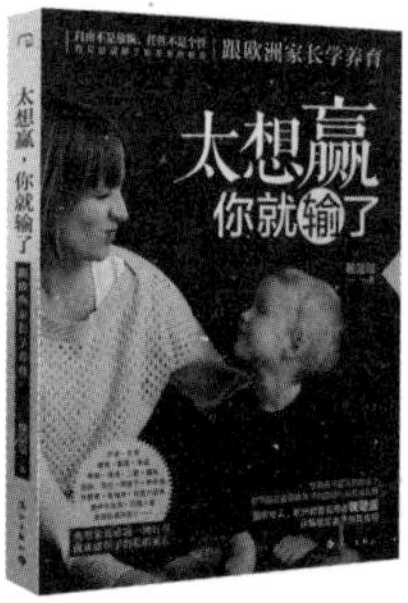

《太想赢，你就输了——跟欧洲家长学养育》

魏蔻蔻/著

想要孩子赢在起跑线上，

你可能正在剥夺孩子的自我认知和成就感；

旅欧华人、欧洲教育观察者

详述欧式素质教育真相。

《资优教养：释放孩子的天赋》

王意中/著

问题背后，可能潜藏着天赋异禀，

资质出众，更需要健康成长。

资深心理师的正面管教策略，

从心理角度解决资优教养的困惑。

《世界最美儿童诗集 中国卷》

谭旭东 选编

集结圣野、金波、樊发稼、高洪波，王宜振等几代杰出诗人的佳作、力作，主题包括童年、梦想、哲理、自然、生命、快乐……每一首都蕴含着美与爱、生命与希望，意美情真，既是送给孩子们的诗歌经典，又是儿童诗研究的珍贵范本。

《世界最美儿童诗集 外国卷》

谭旭东 选编

精选世界各国殿堂级诗人的儿童诗代表作、成名作10辑共192首，探讨生命、情感、生活、理想、幸福……是非常好的课外读物，也是儿童诗歌教育的优秀范本。

《樱花来信了——谭旭东纯美儿童诗》

谭旭东 著

鲁迅文学奖、中国童书金奖、冰心儿童图书奖获奖作家作品。唱响童心，滋养童趣，开启童稚，呵护童真；每晚一首陪伴童年。

好书推荐

《和孩子一起画画》

[德]弗莱娅·雅福克/著 王守茂/译 吴蓓/审译

让孩子在自由的涂画中体会愉悦，开发个性，激发艺术表达欲。在涂画中陪孩子成长，实践华德福教育。

《幼儿园的工作与娱乐》

[德]弗莱娅·雅福克/著 远思/译

学龄前家长的必修课，陪孩子过好奠定他一生基础的幼儿园生涯。长销30年的华德福幼儿教育指南。

《和孩子一起游戏》

[德]弗莱娅·雅福克/著 洪果/译 吴蓓/审译

长销35年的儿童游戏指导手册，提供了几十种简单易行又趣味十足的游戏。

《和孩子一起做玩具》

[德]弗莱娅·雅福克/著 远思/译

和孩子一起用随处可见的棉线、布头等天然材料制作各种各样的玩具，这对孩子的成长有着特殊的意义。

《和孩子一起做娃娃》

[德]弗莱娅·雅福克/著 远思/译

自己做娃娃，能激发孩子的想象力和创造力，本书详细给出了数十种娃娃及娃娃衣服、鞋帽的制作方法。

《培养孩子从画画开始1——走进孩子的涂鸦世界》

[日]鸟居昭美/著 于群/译

日本著名亲子教育专家经典力作，引领孩子全面成长的涂鸦早教“羊皮卷”。

结合典型案例，分析孩子自然绘画所隐藏的宝贵信息，帮助父母正确认识孩子的绘画作品及其背后所蕴含的儿童内在需求和教育价值，指导成人对孩子进行必要的引导与帮助，避免走入误区。系统归纳和点评不同年龄段孩子涂鸦表达的特点，解答父母和老师常见的问题，是0~9岁孩子家长和老师的必备用书。

《培养孩子从画画开始2（提高版）——孩子的画如何看、怎么教》

[日]鸟居昭美/著 于群/译

更加系统地论述了孩子从出生到9岁时，涂鸦和绘画的特点，从教育理论和实践深入讲述如何保护孩子天性、尊重孩子个性发展，如何正确引导培养孩子的想象力和创造力等。

详细对比分析孩子在不同教育环境下的绘画作品，揭示了环境和教育者态度对孩子创作的影响，指出如何针对孩子不同的年龄段特征，帮助孩子通过画画来发展各个方面的能力。

阅美
文化

悦 读 阅 美 · 生 活 更 美